누구나 작곡할 수 있는

작 곡 법

Composition

김정양 · 이종록 · 한광희 共著

누구나 작곡할 수 있는

작 곡 법

작곡법에 대하여

창작은 새로운 미지의 세계를 개척하는 일이라고 할 때, 새롭게 만들어 부르고 들으므로써 성취감을 느낄 때 세상의 어느 것보다도 바꿀 수 없는 값진 쾌감을 느낄 것이다. 바로 그것이 자신만이 아니라 모든 사람이 함께 공유하는 보람된 일이라고 생각한다. 그러므로 누구나 한번쯤은 나도 노래곡을 작곡할 수 있을까? 라고 스스로 반문하게 될 것이다.

그렇다. 누구나 할 수 있다. 무조건 나는 안돼하는 부정적인 생각을 하면 더욱 어렵게 느껴진다.

그러나 가락짓기 형식 즉 틀에 관심을 갖고 두세번만 눈길을 정확하게 준다면 누구나 쉽게 그리고 즐겁게 노래를 부를 수 있는 가락을 지을 수 있을 것이다.

나는 그간 후학들을 지도하는 가운데 가요형식을 보다 쉽고 신속하게 그리고 정확하게 터득시킬 수 없을까 하는 생각을 가지고 있는 가운데 그간의 경험 등을 바탕으로 해서 한 권의 책으로 정리하여 만들게 되었다. 이 책은 작곡을 하고자 하는 모든 분에게 좋은 지침서가 될 것이다.

2000. 2.
著者 自 書

책을 펴내면서

창작은 감성을 지닌 사람이라면 자연의 아름다움을 보는 순간 그 느낌을 글로, 그림으로, 조각으로 또는 노래로 만들려는 충동감을 느끼리라 생각한다. 이런 사람들 중에 노래로 악보에 옮겨 작곡했으면 하고 생각하는 사람에게 길잡이 역할을 할 수 있는 책으로 작곡기법 즉 형식을 아주 쉽게 이해하도록 그간 교단에서 쌓은 경험적 지식을 토대로 소개하여 놓았다.

이 책은 작곡을 하기를 원하는 사람뿐만 아니라 악기를 다루는 사람이나 노래를 좋아하는 사람 모두에게 권장하고 싶은 책이라 생각이 들며, 그 동안 고민해오던 기초악식 문제는 해결할 수 있는 값진 책이라 다시 한번 권장하고 싶다.

2000. 2.

錦松 김정양

차 례

제 1 장 악식과 구성 요소

제 2 장 가곡 형식

제 5 장 성 역

제 6 장 주선율에 타성부 붙이기

부 록 (악보 첨부)

제 1 장
악식과 구성요소

1. 악식의 뜻

음악은 음에 의하여 작곡자의 감정, 인상, 의지, 정경(情景) 등을 표현하는 예술이므로 음을 아무렇게나 늘어 놓거나 규칙을 무시하고 가락을 만들어서는 뜻이 없는 것이 되면 음악이라고 할 수 없을 것이다. 그러므로 박자와 리듬 등이 형식이라는 틀의 일정한 법칙에 의하여 동요, 민요, 가곡 등을 작곡할 수 있도록 하는 것이 음악형식 또는 악식이라 한다.

2. 악식의 갈래

악식은 기초악식과 응용악식 두 가지로 구분하게 된다. 이 책은 주로 기초악식을 중점적으로 다루려고 한다.

(1) 기초악식

기초악식은 독립하여 악곡을 이루고 있는 형식을 말하며, 주로 성악곡에 쓰이는 한도막 형식, 두도막 형식, 세도막 형식, 작은 세도막 형식 등이 있다.

(2) 응용악식

응용악식은 기초악식을 응용하여 발전시킨 악식인데 응용악식은 주로 기악곡에 쓰인다. 즉 겹세도막 형식, 변주곡 형식, 론도 형식, 소나타 형식, 푸가 형식 등이 있다.

(3) 악식의 단위

어떠한 긴 문장이라도 자세히 살펴보면 이는 짧은 문장의 집합체라고 볼 수 있다. 즉 「·」로 구분되는 짧은 글의 연속일 것이다. 짧은 하나의 독립된 문장은 주부와 술부로 이루어져 있다. 이 악곡의 단위가 되는 가장 단순한 토대가 되는 것은 큰 악절이다.

즉 어떤 큰 곡이라도 큰 악절을 토대로 삼고 있는 것이다.

3. 악곡의 구성 요소

음악의 아름다움을 짜임새있게 짓고, 언제나 즐기기 위해서는 정해진 악곡의 구성요소를 알아야 할 것이다.

(1) 세로줄과 마디

세로줄(Bar)과 마디(Measur)는 셈여림의 단위를 명확히 구별하기 위하여 센박의 바로 앞에 긋는 줄을 세로줄이라 하고, 세로줄과 세로줄 사이를 마디라 하며, 겹세로줄(double bar;겹마딧줄)은 보표 위에 수직으로 그은 2개의 줄로 되어 있다. 대부분 악곡의 단락(段落;periode · end of a chapter)이나 박자 또는 조(key)가 바뀔 때 사용되며, 겹세로줄이라도 왼쪽이 가늘고 오른쪽이 굵게 표시된 것은 끝마침을 나타내기도 한다.

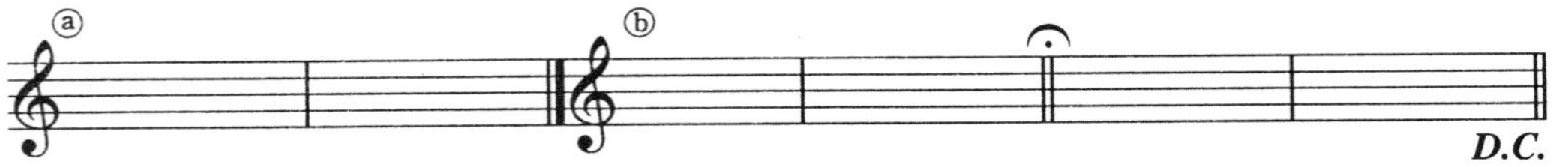

ⓐ겹세로 줄에 의한 마침 ‖

ⓑ *D.C., D.S.*기호에 의한 𝄐 표는 단락표 즉 마침이며, 늘임표 (𝄐)대신 <*Fine*>를 쓰기도 한다.

(2) 동기(Motive)

가락을 구성하는 가장 작은 단위로 이루어지며 보통 2마디로 구성된다. 모든 악곡은 동기를 바탕으로 이도법, 신장법, 수축법, 확대법, 축소법, 반복법, 환음법, 역행법 등으로 발전시키는 출발점이 되므로 특징이 성격을 갖추는 것이 중요하다.

a. 센내기(갖춘마디) b. 여린내기(못갖춘마디)

동기는 두 마디이다. 그러나 a와 같이 또는 b와 같이 두 개의 부분동기(sectional motive)로 나누어질 때도 있다.

동기는 가락적, 화성적, 리듬적 요소가 갖추어져 있어야 하며, 또한 발전하면 작은 악절이 된다.

(3) 작은 악절(phrase)

동기(動機)가 발전하여 작은 악절이 되고, 보통 4마디이며, 두 개의 동기로 구성된다. 작은 악절은 동기에 비하면 어느 정도 안정감을 준다. 대부분 악절구조는 율동의 성장을 근원으로 하지만 작은 악절은 그의 하나의 묶음이며, 4개의 센박을 가지고 있다. 악절구조의 가장 중요한 것은 큰 악절이며, 2개의 작은 악절로써 이루어진다.

a. 센내기(갖춘마디)

b. 여린내기(못갖춘마디)

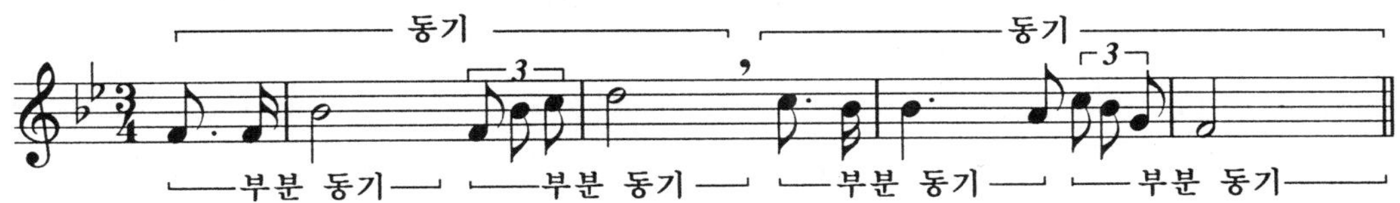

※ 작은 악절을 악구(樂句)라고도 한다. 작은 악절이 발전하면 큰 악절이 된다.

(4) 큰악절(period)

작은 악절이 발전하여 큰 악절이 되고, 보통 8마디이며, 두 개의 작은 악절로 구성된다. 악곡은 동기로써 이미 그 성격이 결정되며, 동기가 결합되어 작은 악절을 이루어 하나의 단락을 짓는다. 그러나 한 개의 작은 악절로만으로는 완전한 악곡이 이루어지지 않는다. 그러므로 두 개의 작은 악절로 지속시키므로 큰 악절이 만들어져 악곡으로서의 형태가 갖추어지게 된다. 대부분 큰악절은 선율의 기초되는 주제를 이룩하게 되고, 8개의 센 박을 가지게 되며, 리듬의 성장을 바탕으로 한 악절(樂節)구조가 완성된 형체가 된다.

그러므로 독립된 형식으로서 가장 짧은 한도막 형식이 된다.

※ 큰악절을 앞악절(Antecedent Phrase)과 뒤악절(Consequent Phrase)로 나누어 부르기도 하며, 큰악절을 한도막 형식이라고도 한다.

4. 악곡을 만드는 법

(1) 악곡의 시작

악곡의 시작은 대부분 그 가곡이 지닌 조(key)의 으뜸화음(Tonic:Do, Mi, Sol) 중 택일하여 시작한다.

(2) 악곡의 마침

악곡의 마침은 어떠한 곡일지라도 그 가곡이 지닌 조(key)의 으뜸화음(Tonic:Do, Mi, Sol) 중 택일하여 끝맺되 으뜸음(Do)으로 끝나면 갖춘 바른 마침(Perfect Authentic Cadence)이라고 하며, Mi나 Sol로 끝나면 못갖춘 바른마침(Imperfect Authentic Cadence)이라고 한다. 또한 마치기전에는 활동음인 딸림화음(Dominant;Sol, Si, Re)이나 딸림 7화음(Dominant 7th chord:Sol, Si, Re, Fa) 중 택일하여 쓴 후 정지음인 으뜸화음(I)을 택일하여 끝맺음을 기억해 두어야 할 것이다.

(3) 악곡의 흐름(동기의 발전법)

가락의 흐름이 자연스럽게 짓기 위해서는 여러 가지의 형태를 구사하여야 할 것이다. 그러기 위해서 다음 몇 가지 보기르 들어 보겠다.

1) 이도법(移度法;Transition) : 같은 모양으로 반복시키는 것

<실제 1>

2) 신장법(伸張法:Expansion) : 같은 모양으로 음정이 늘어나는 것

<실제 2>

3) 수축법(收縮法:Contraction) : 같은 모양으로 음정이 줄어드는 것

<실제 3>

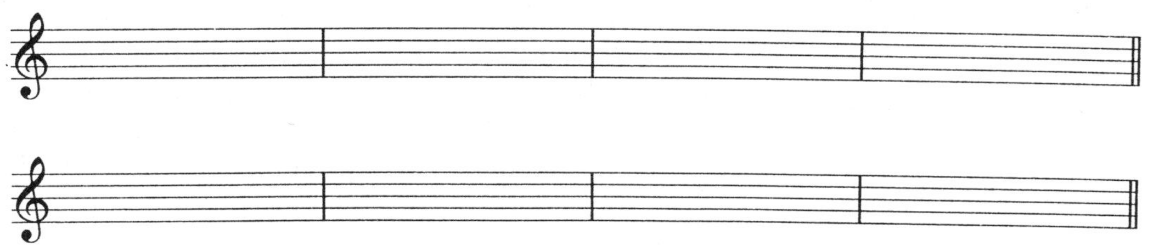

4) 확대법(擴大法;Augmentation) : 리듬이 두배로 늘어나는 것

<실제 4>

5) 축소법(縮小法:Diminution) : 리듬이 반(1/2)으로 줄어드는 것

<실제 5>

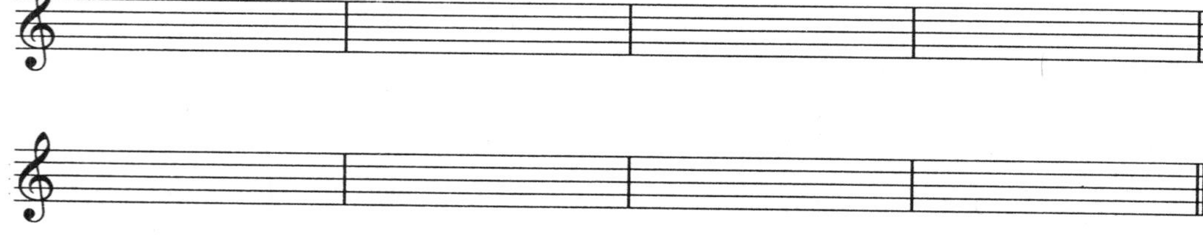

6) 반복법(反復法:Repetition) : 동기중 특정리듬을 반복시키는 것

<실제 6>

7) 생략법(省略法;Omissiom) : 부분적으로 음을 생략하는 것

<실제 7>

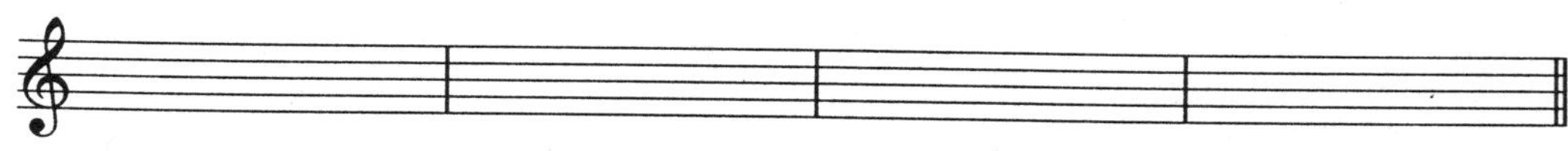

8) 환음법(換音法;changing the order of Tones):음의 순서를 바꾸는 것

<실제 8>

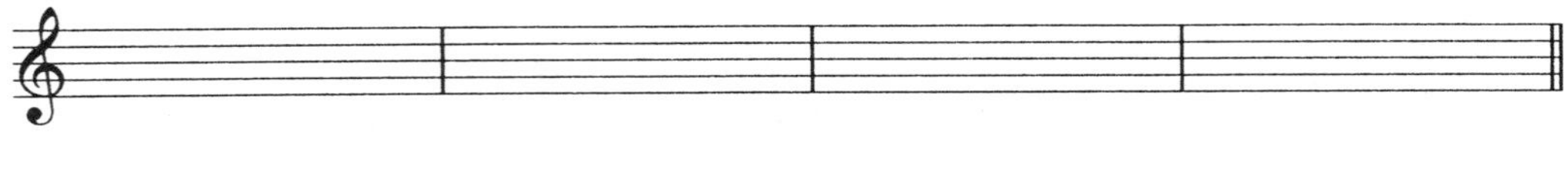

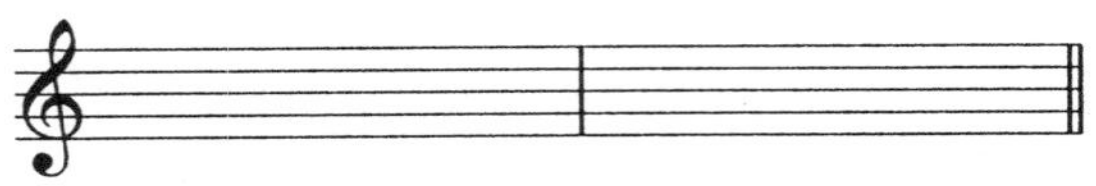

9) 역행법(逆行法;Reversing the order Tones) : 전체의 방향을 좌 또는 우로 바꾸는 것

10) 결합법(結合法;Combining the Member of Different Motives) : 음의 전체를 바꿔서 연결시키는 것

<실제 10>

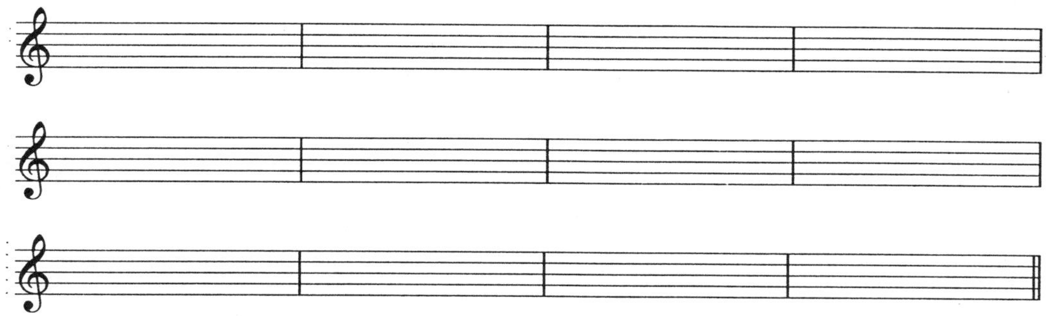

11) 전위법(轉位法;Inversion) : 전체의 진행방향을 상 또는 하로 바꾸는 것

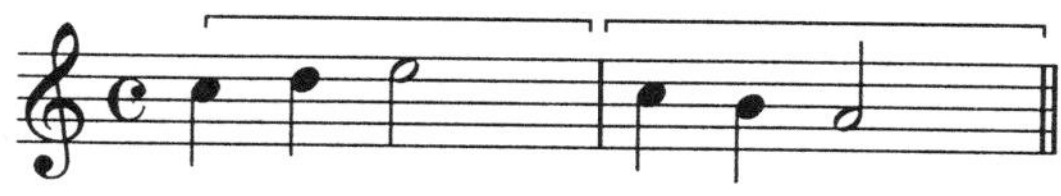

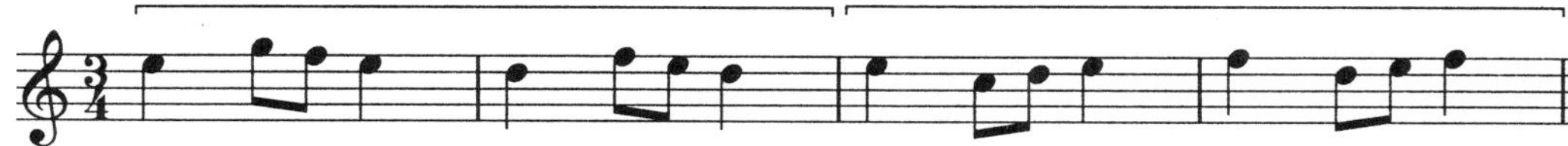

<실제 11>

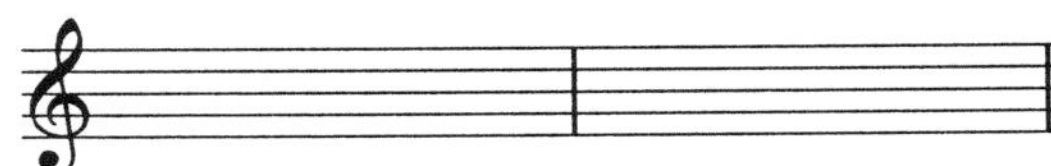

<실제 12>

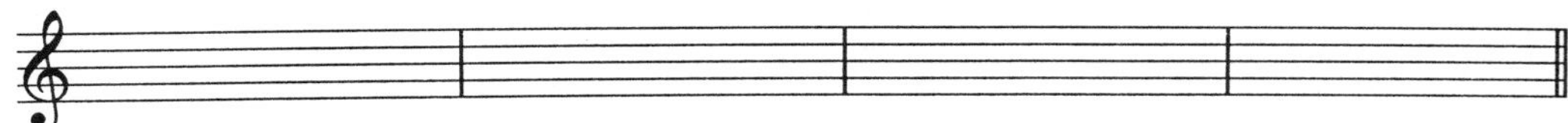

※ 선율진행 방법

① 반복법(Repetition) : 같은 것을 반복하는 것(a-a)

② 동형진행법(Sequence) : 음정이 바뀌더라도 같은 리듬과 음형으로 되풀이하는 것 (a-a′)

③ 대조법(contrast) : 음형(音型)이 전적으로 바뀌는 것

제 2 장

가곡형식(Song form · Lied form)

가요형식을 리트형식이라하며, 또는 유절형식(가곡)과 통절형식(가곡)으로 분류해서 부르기도 한다.

· 유절가곡 — 有節歌曲(Strophenlied, 獨)

시의 각 절이 제1절에 붙여진 선율을 되풀이하는 가곡으로, 통작(通作)가곡에 반대되는 것을 말한다. 다시말하면 시가 규칙적인 형태로 지어지고, 또한 그 내용이 동일 선율의 반복을 허락하는 경우에 이 형식을 취한다(의식가, 군가, 찬송가 등).

· 통절가곡 — 通節歌曲(Durchkomponiertes Lied, 獨)

시의 각절이 새롭고 다른 선율이 붙은 가곡, 시의 각 절에 같은 선율을 반복하는 유절가곡과 반대되는 것을 말하며, 유절가곡은 비교적 단순한 서정시가 많으며, 통절(통작)가곡은 각 절 사이에서 내용이 발전하고 있는 극적인 혹은 얘기식의 시에 어울린다(예술가곡인 "가과파" "내마음" 김동진곡과 "마왕" 슈베르트곡 등).

1. 축소형 2마디 가락 만들기

2마디 가락짓기는 독립된 형식은 아니나 교회의 송영곡이나 방송국 등에서 C.M Song으로 작곡하여 쓰이는 가장 작은 단위형을 말한다.

(1) 축소된 2마디 가락짓기

<송영곡>

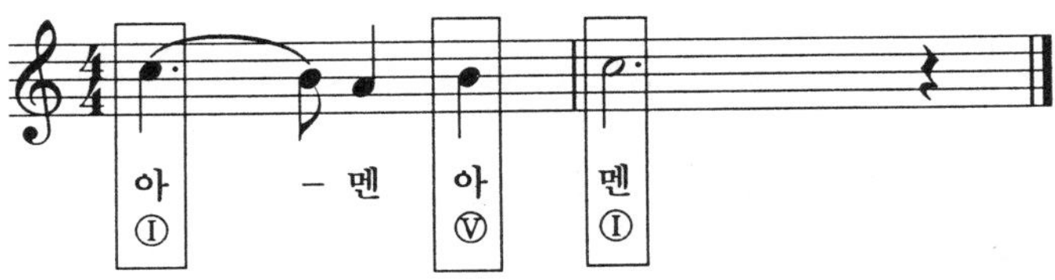

<C.M Song>

<예제-1>

· 찬송가 551장 <아 - 멘>

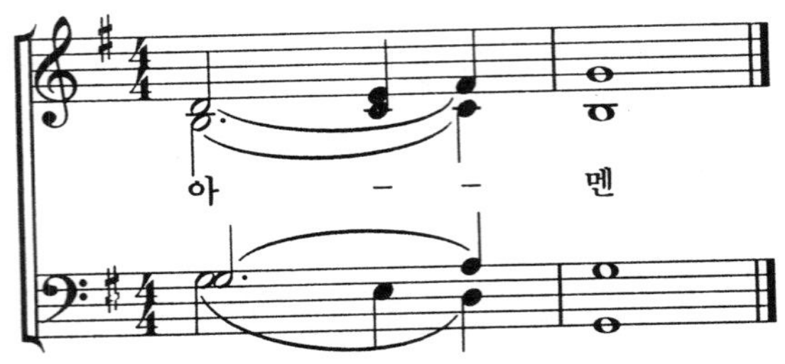

<예제-2>

· 찬송가 552장 <두번 아 - 멘>

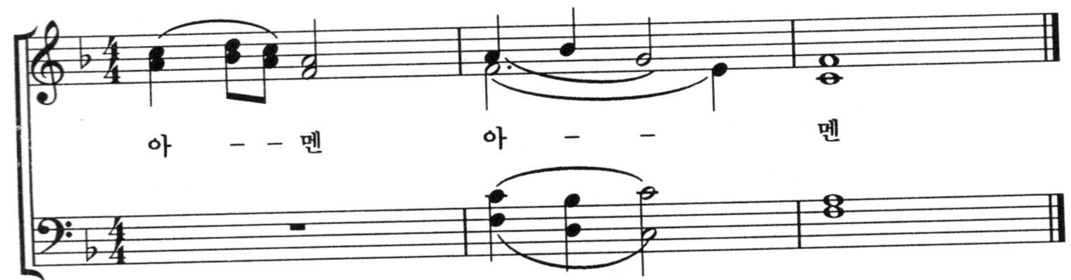

축소형 2마디 가락짓기는 상황에 따라서는 3마디도 될 수 있음을 참고하기 바란다.

2) 축소된 2마디 가락짓기 이해

시작과 마침

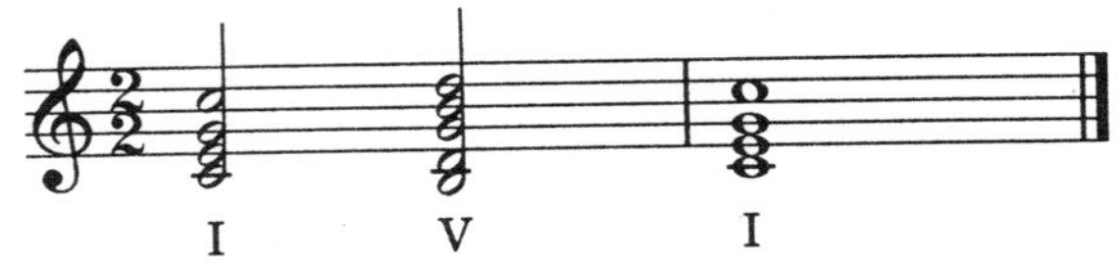

택일하여 음을 쓰되 끝맺음이 으뜸음(Do)로 끝날 때는 갖춘 바른 마침이라 하고, Mi 나 Sol로 끝날 때는 못갖춘 바른 마침이라 한다.

< 연 습 문 제 >

a. 다음 곡을 완성시키되, 갖춘 바른 마침으로 하시오.

<실제 1>

b. 다음 곡을 완성시키되, 못갖춘 바른 마침으로 하시오.

<실제 2>

c. 리듬표시에 알맞은 음으로 채워 넣으시오.

d. 스스로 리듬꼴을 만들어 가락짓기 해보시오.

<실제 3>

2. 축소형 4마디 가락 만들기

4마디 가락짓기는 독립된 형식은 아니나 교회의 송영곡이나 방송국 등에서 C.M song으로 작곡하여 쓰이는 작은 단위형을 말한다.

(1) 축소된 4마디 가락 짓기

<예제 3>

· 찬송가 554장 <두 번 아 - 멘>

<예제 4>

· 찬송가 555장 <세 번 아 - 멘>

축소형 4마디 가락짓기는 상황에 따라 5~6마디도 될 수 있음을 참고하기 바란다.

⑵ 축소된 4마디 가락짓기 이해

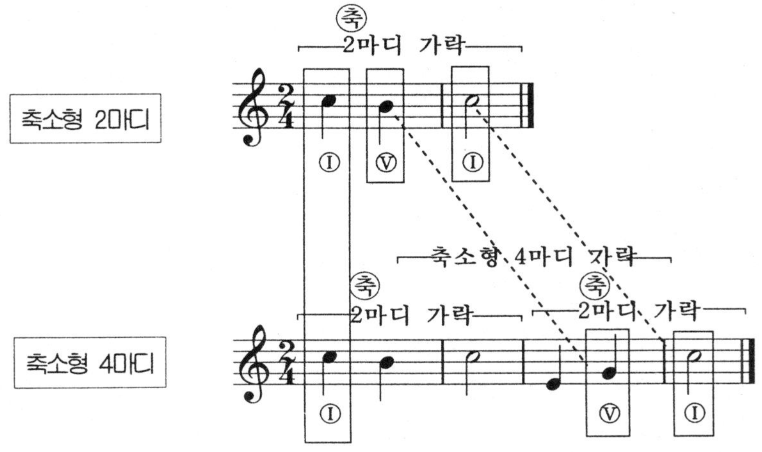

축소형 4마디 가락짓기는 확대된 축소형 2마디 혹은 발전된 동기라고 생각하면 된다. 그리고 가락짓기에 있어서는 시작과 끝맺은 음은 Ⅰ화음중에 선택하며, 끝나기 전에는 Ⅴ나 Ⅴ′ 화음 중에 선택하여 사용함을 기억해 두어야 할 것이다.

많은 음들이 나열되어 있어도 시작과 끝맺은 음과 그리고 끝나기 직전음 세 곳의 음은 꼭 지켜야 된다.

단, 축소형 2마디 가락짓기와 축소형 4마디 가락짓기를 했을 때 한에서 이다.

1) 다음 곡을 완성시키되, 갖춘 바른 마침으로 하시오.

3) 리듬표시에 알맞은 음을 채워 넣으시오.

4) 리듬을 먼저 그려넣고, 가락짓기를 해보시오.

<예시>

① 마디 예시

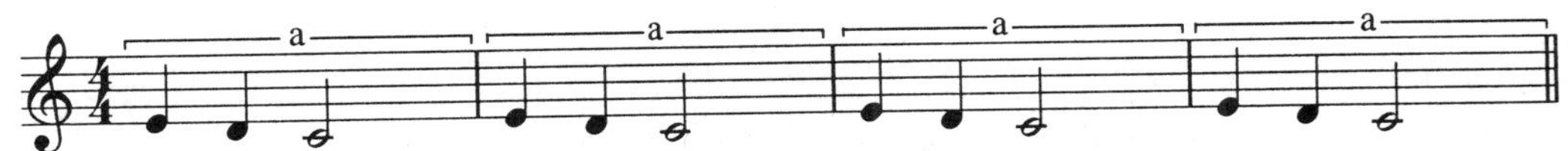

② 동기 예시

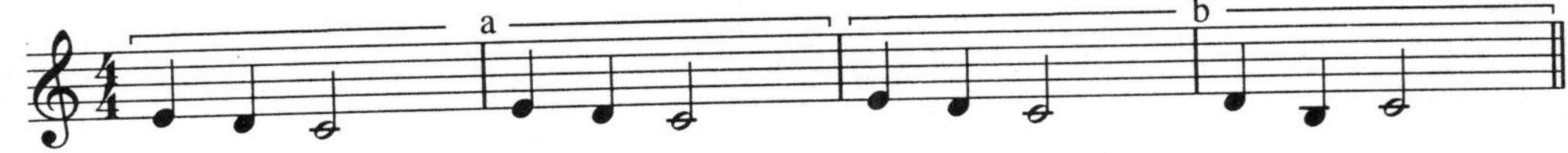

<실제 1>

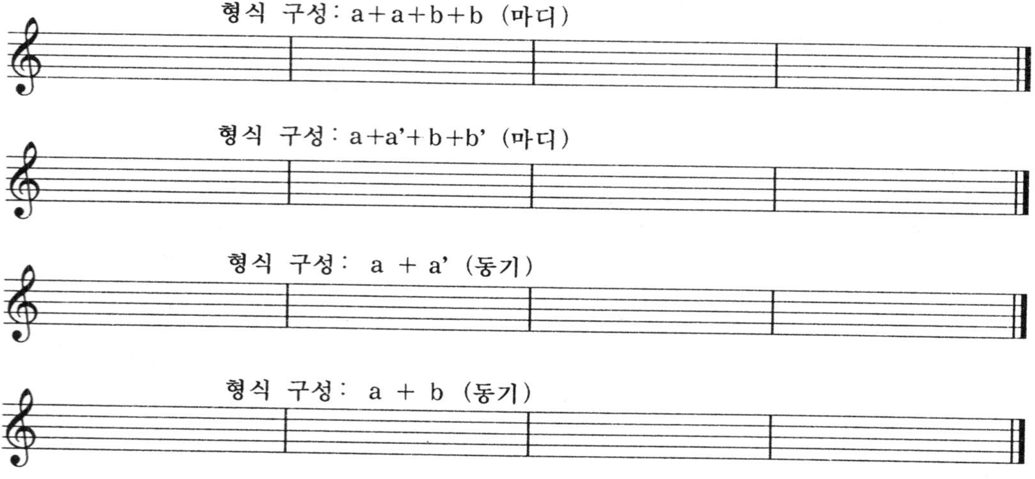

5) 마디 4개를 연결시켜 작은 악절을 만드시오.

<실제 2>

3. 큰 악절(period)

큰 악절은 8마디를 말하며, 독립된 형식이다. p.15 참조 바라며, 한도막 형식 가락짓기에서 다시 설명하겠다.

4. 한도막 형식(one part form, 英)

한도막 형식은 작은 악절 2개가 모여서 큰 악절 하나로 구성되어 있는 가곡 형식을 말하며 보통 8마디로 이루어진 악곡 형식으로 동요나 민요, 찬송가 등에 쓰이는 형식이다.

(1) 한도막 형식에 의한 가락짓기

형식 구성: A + B (작은 악절)

(위 형식 구성은 작은 악절임)

형식 구성: a + b + a + c (동기)

(위 형식구성은 동기임)

(2) 한도막 형식에 의한 가락짓기 이해

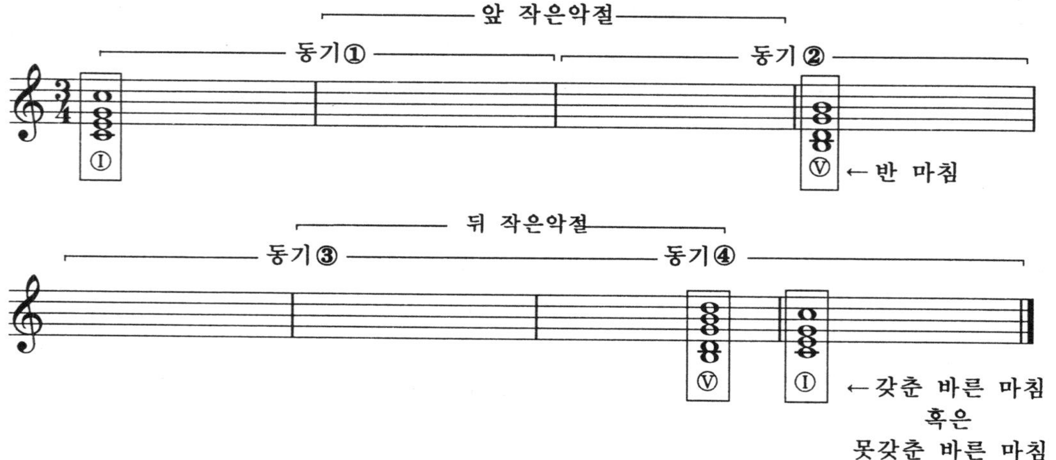

한도막 형식은 축소형 2마디 가락짓기와 축소형 4마디 가락짓기와 같으나 앞 작은악절 끝마디를 반마침 즉 V화음 중 선택하여 사용함을 기억해 두어야 할 것이다.

a. 다음 곡을 완성시키되, 갖춘 바른 마침 형식구성으로 하시오.

<실제 2>

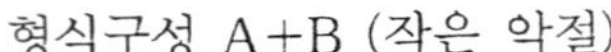

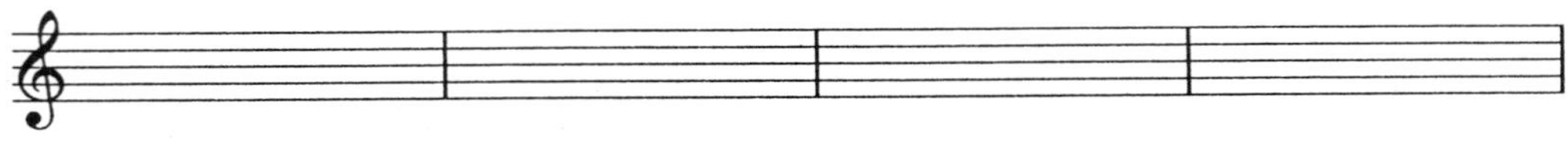

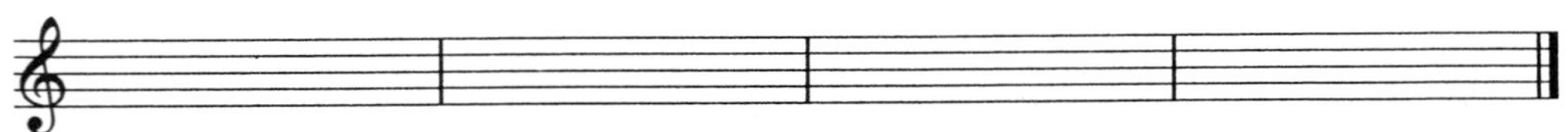

2) 다음 곡을 완성시키되, 못갖춘 바른 마침 형식구성으로 하시오.

<응용 3>

형식구성 A+A′ (작은 악절)

<응용 4>

형식구성 A+B (작은 악절)

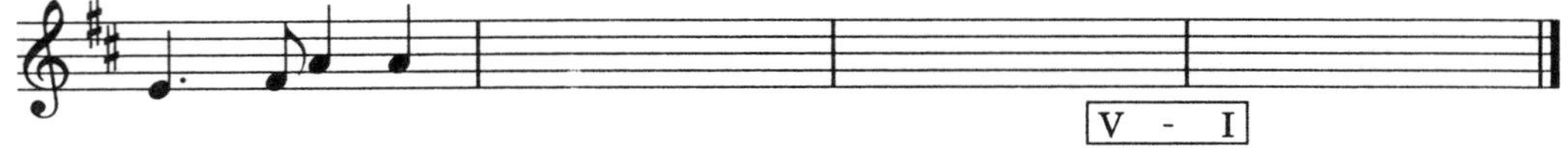

<실제 3>

형식구성 A+A′ (작은 악절)

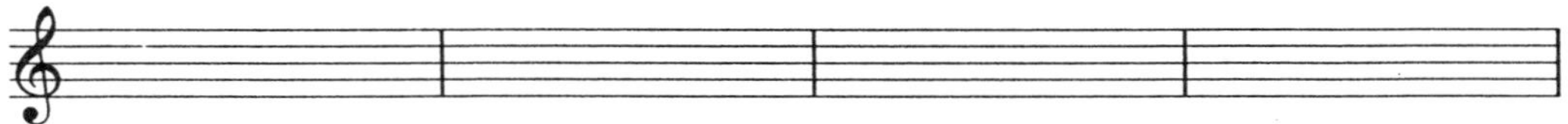

<실제 4>

형식구성 A+B (작은 악절)

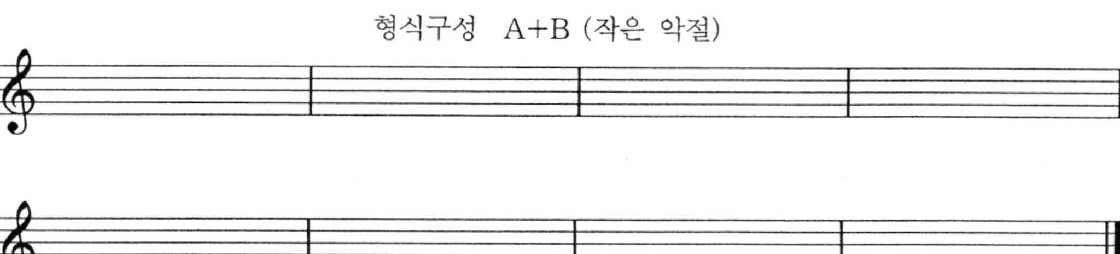

3) 다음 곡을 연결시켜 완성시키되 형식구성은 동기(2마디)로 하시오.

<응용 5>

형식구성 A(a+b) B(a+b′) (동기)

<응용 6>

형식구성 A(a+b) B(a′ +c) (동기)

Ⓘ Ⓥ

<응용 7>

형식구성 A(a+b) B(a+c) (동기)

<응용 8>
형식구성 A(a+a) B(b+b) (동기)
Ⓘ
Ⓥ
V - I
<실제 5>
형식구성 A(a+a′) B(b+b′) (동기)
<실제 6>
형식구성 A(a+a′) B(a+a″) (동기)
<실제 7>
형식구성 A(a+b) B(a+b′) (동기)
Ⓘ
Ⓥ
V - I

<실제 8>

형식구성 A(a+b) B(c+b) (동기)

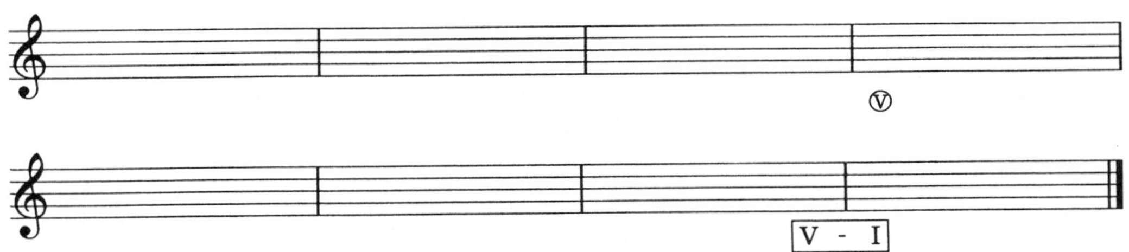

4) 리듬표시에 알맞은 음을 채워 넣으시오.

<응용 9>

형식구성 A(a+b) B(a+c) (동기)

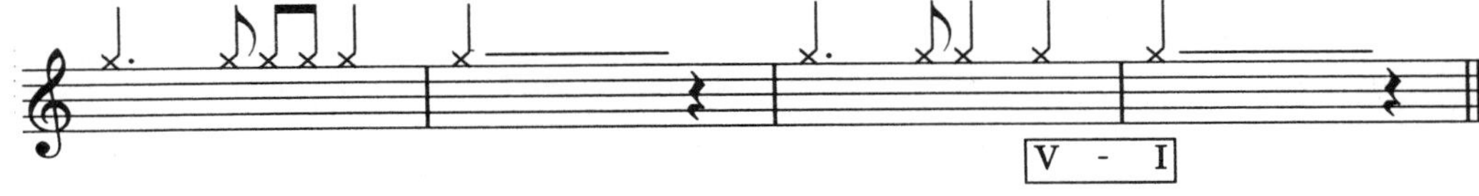

<응용 10>

형식구성 A(a+b) B(a+c) (동기)

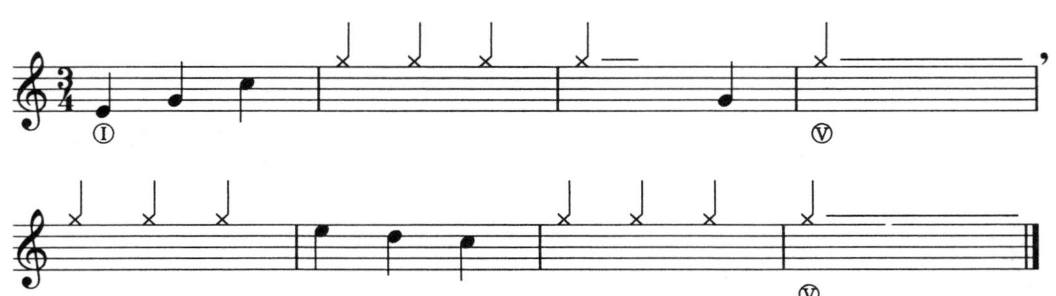

<응용 11>

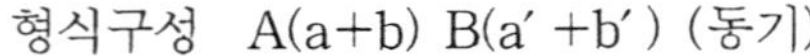

형식구성 A(a+b) B(a′ +b′) (동기)

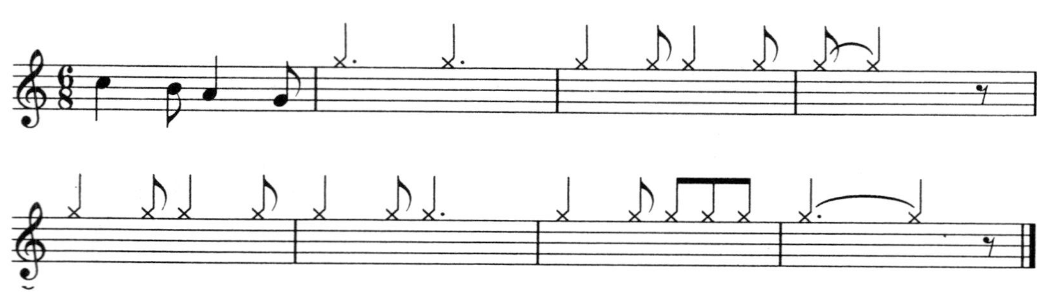

<응용 12>

형식구성 A(a+a) B(b+b) (동기)

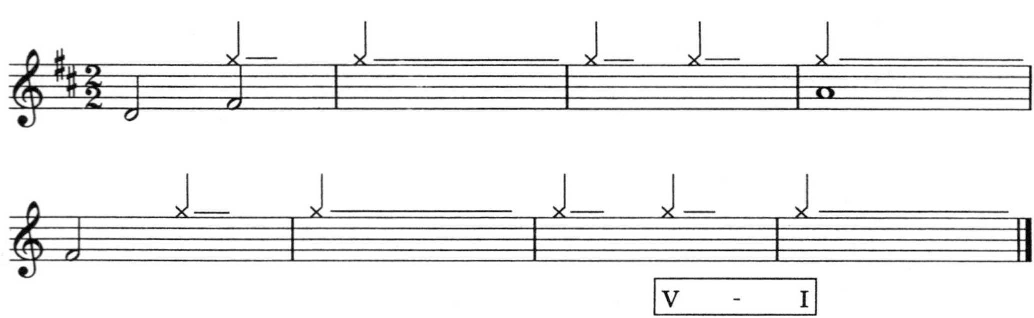

5) 리듬을 먼저 만들어 놓고, 가락짓기를 해보시오.

<실제 9>

형식구조 A(a+a′) B(b+a′) (동기)

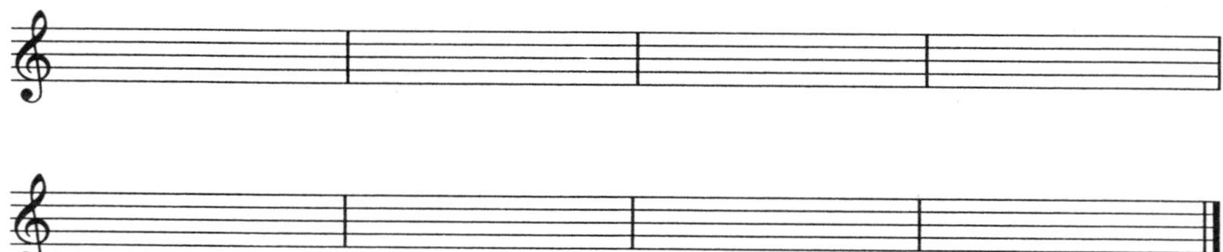

<실제 10>

형식구조 A(a+b) B(a′ +b′) (동기)

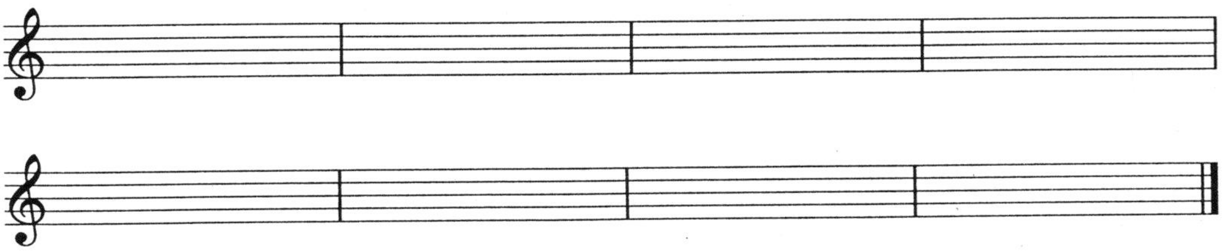

<실제 11>

형식구조 A+A′ (작은 악절)

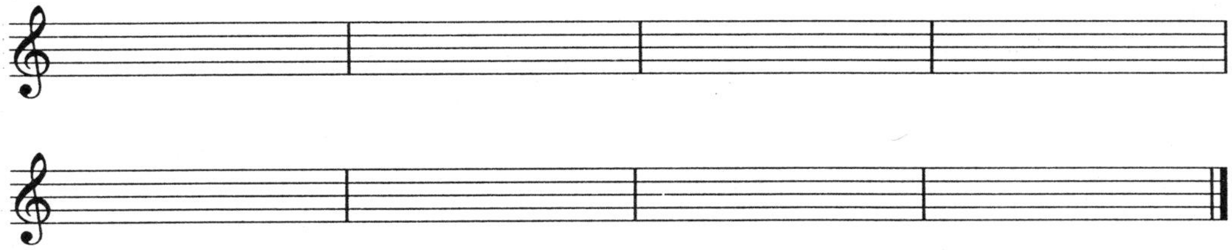

<실제 12>

형식구조 A+B (작은 악절)

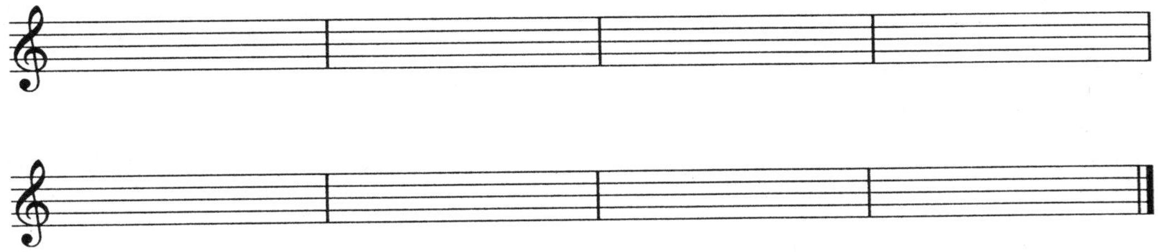

6) 다음 곡을 연결시켜 완성하되, 형식구성은 동기(2마디)로 하시오.

<응용 13>

<여린 내기>

형식구성 A(a+b) B(c+d) (동기)

<응용 14>

<여린 내기>

형식구성 A(a+b) B(c+a′) (동기)

다음 형식 구성을 보고 동기(2마디) 4개를 연결시켜 놓은 큰 악절, 즉 한 도막 형식으로 가락짓기를 해보시오.

① a+a a′+a′	② a+a′ a′+a″	③ a+a a+b
④ a+a a′+b	⑤ a+b a+b′	⑥ a+b a′+b′
⑦ a+b c+c′	⑧ a+b c+a	⑨ a+b c+d
⑩ a+b b′+c	⑪ a+b a+b′	⑫ a+b c+b′
⑬ a+b c+b′	⑭ a+b c+a′ 등을 가락짓기를 해보시오.	

작은 악절(4마디) 2개를 연결시켜 큰 악절 즉 한 도막 형식을 만드시오.

① A+A ② A+A′ ③ A+B

5. 두 도막 형식(TWO part song form binary form, 英)

두 도막 형식은 기초악식의 일종으로 큰 악절 2개로 이루어지며, 보통 16마디로 구성된다. 각 부분을 제 1부, 제 2부라고 칭하여, 두 가지 형이 있다. 제 1부의 선율을 제 2부의 되풀이하는 것으로, 반복 <A-A>이라 하고, 제1부의 선율이 리듬과 제 2부의 선율의 리듬이 전혀 다른 것을 대조 <A-B>;라고 한다. 또한 제 2부가 다소 변화하여 제 1부를 되풀이하는 것을 수식적리듬(修飾的 律動) <A-A′>이라고 한다. 대부분 동요, 가곡, 의전가, 찬송가 등에 쓰인다.

(1) 두 도막 형식에 의한 가락짓기

(2) 두 도막 형식에 의한 가락짓기 이해

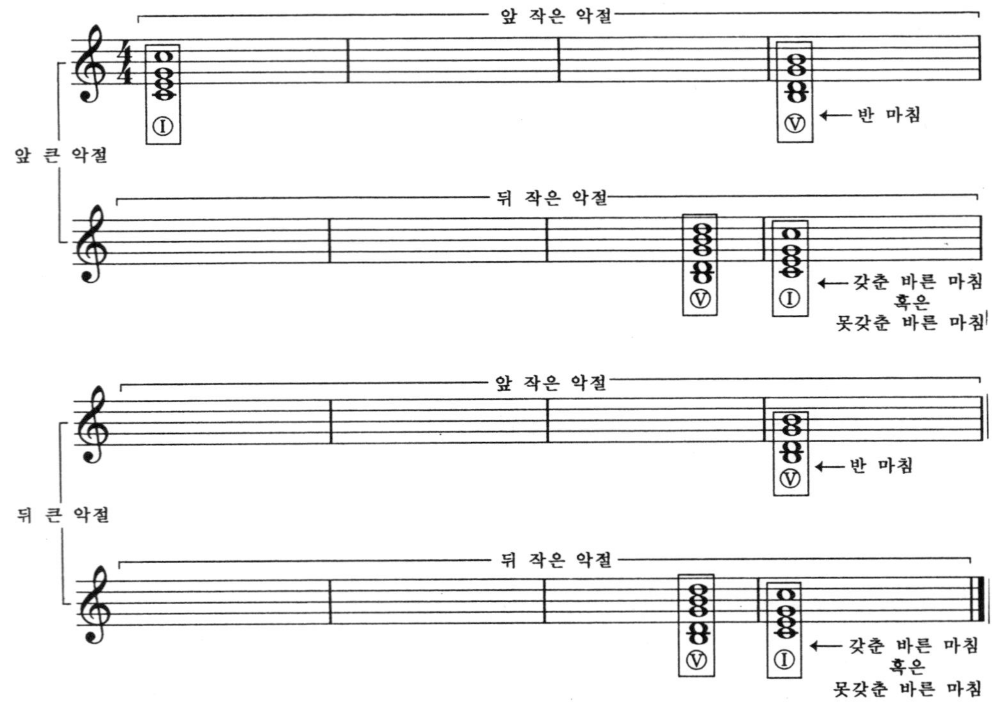

(주) 1. 시작과 각 악절의 끝맺음을 이해하여야 두 도막 형식의 가락짓기를 할 수 있을 것이다. 그러므로 □ 안 속의 화음들을 알아두어야 할 것이다.

(주) 2. 두 도막 형식으로 가락짓기를 할 때는 기승전결(起承轉結)에 바탕을 두고 만들어져야 할 것이다.

1) 다음 곡을 완성시키되, 갖춘 바른 마침으로 하시오.

<응용 1>

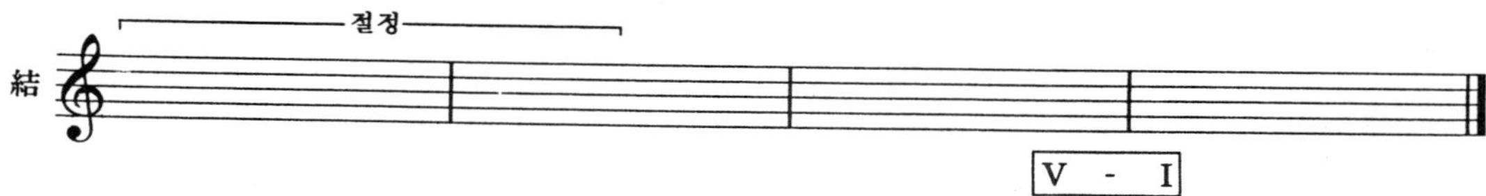

대조적인 악절속에 혹은 이후에 절정(climax)이 나타난다.

<응용 2>

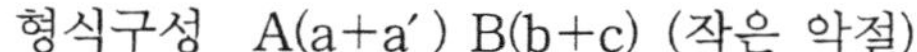
형식구성 A(a+a′) B(b+c) (작은 악절)

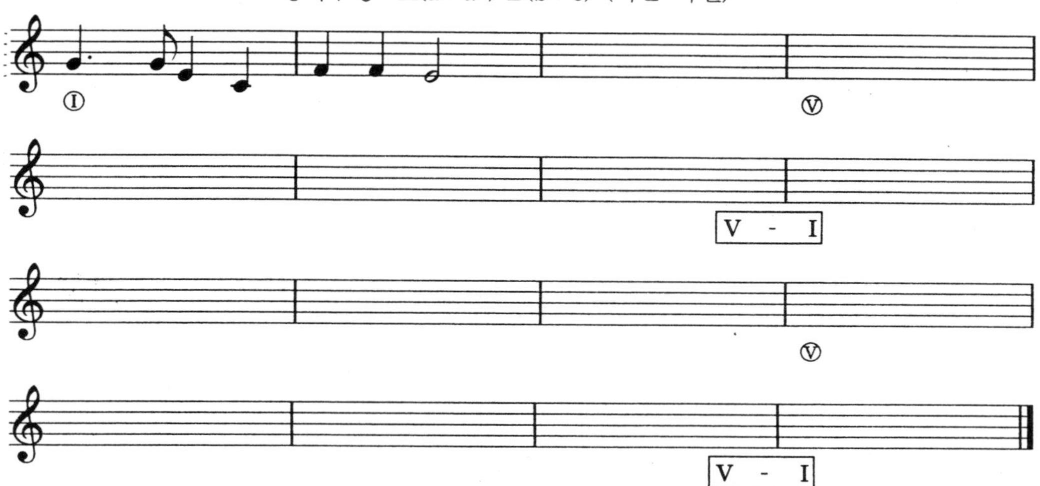

<응용 3>

형식구성 A(a+a′) B(b+a′) (작은 악절)

<실제 1>

형식구성 A(a+a′) b(b+a′) (작은 악절)

<실제 2>

형식구성 A(a+a′) B(a+a′) (작은 악절)

2) 다음 곡을 완성시키되 못갖춘 바른 마침으로 하시오.

<실제 3>

형식구성　A(a+a′) B(b+a′) (작은 악절)

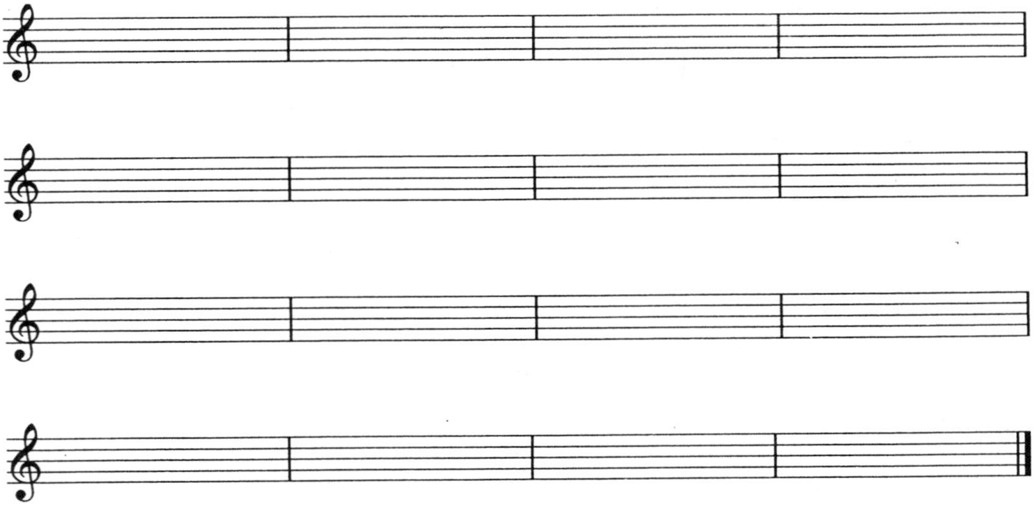

<실제 4>

형식구성　A(a+b) B(a+b′) (작은 악절)

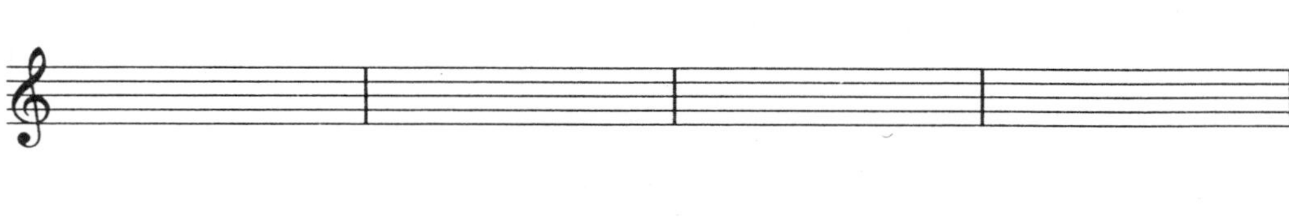

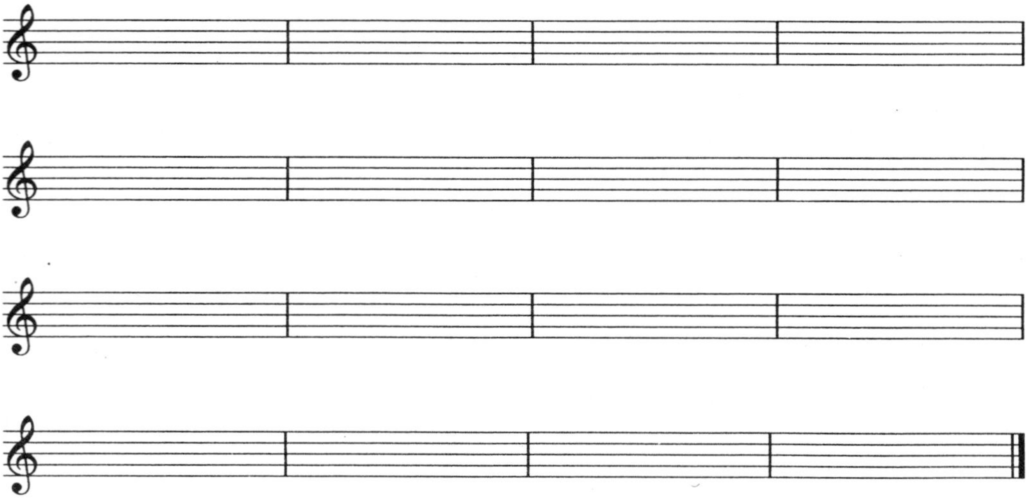

3) 리듬표시에 알맞은 음을 채워 넣으시오.

<응용 6>

형식구성 A(a+a′) B(b+a′) (작은 악절)

<응용 7>

형식구성 A(a+b) B(c+b) (작은 악절)

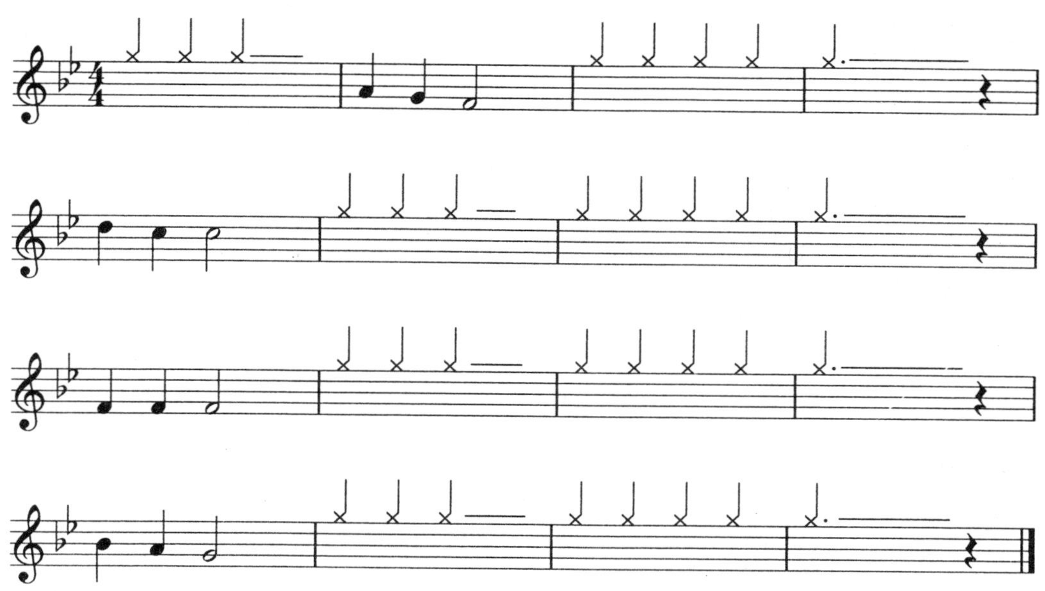

<응용 8>

형식구성 A(a+b) B(c+a′) (작은 악절)

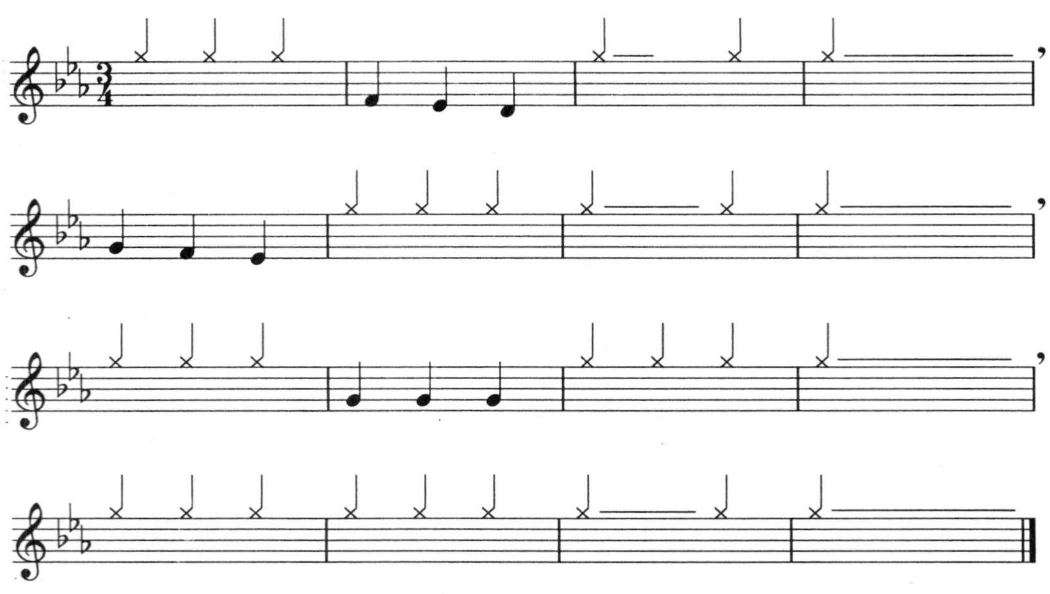

<응용 9>

형식구성 A(a+b) B(c+b′) (작은 악절)

4) 리듬을 먼저 만들어 놓고 가락짓기를 해보시오.

<실제 5>

형식구조 a+a′ b+a′

<실제 6>

형식구조 A(a+a′) B(b+b′) (작은 악절)

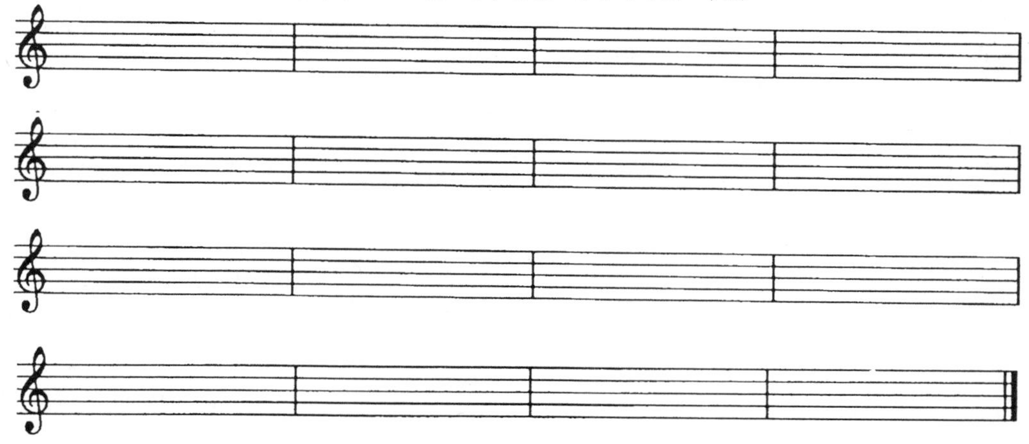

<실제 7>

형식구조 A(a+a′) B(b+a″) (작은 악절)
<실제 8>
형식구조 A(a+b) B(a′+b′) (작은 악절)

다음 형식 구성을 보고 작은 악절(4마디) 4개를 연결시켜, 두 도막 형식으로 가락짓기를 해보시오.

① a+a′ a′+a′　　② a+a′ a′+a″　　③ a+a′ a+b

④ a+a b+b′　　⑤ a+b b′+b　　⑥ a+b b′+b″

⑦ a+b b′+c′　　⑧ a+b c+c′　　⑨ a+b a′+c

⑩ a+b a+c′　　⑪ a+b c+d　　⑫ a+b c+b′

⑬ a+b a′+b′ 등을 가락짓기를 해보시오.

6. 세 도막 형식(Three part form · Ternary form, 英)

세 도막 형식은 동기가 발전하여 작은 악절이 되며, 큰 악절이 된다. 큰 악절 3개가 모여 세 도막 형식이 되며, 보통 24마디가 되는 형식으로 3부분으로 되는 악곡의 기초 형식의 하나가 된다.

기본형식의 1부분이 8마디가 되어 큰 악절을 이루므로 전체가 24마디의 구조로 A - B - A형을 취하며 제 1부 A가 제시, 제 2부 B는 대조, 제 3부 A는 제1부의 재현으로 된다. 제 2부 <대조부>에 있어서는 선율, 주제 또는 조(調)의 대조로 표현된다. 세 도막 형식의 원리가 확립한 것은 고전파이며, 그 이후 모든 형식의 기초가 되었다. 이 형식은 주로 가곡, 찬송가 등에 쓰인다.

(1) 세 도막 형식 가락짓기

형식구조 : A(a+b) B(c+c) A(a+b)

(2) 세 도막 형식 가락짓기 이해

큰악절(A)

Ⓘ Ⓥ ←반 마침

Ⓥ Ⓘ ← 갖춘 바른 마침 혹은 못갖춘 바른 마침

큰악절(B)

Ⓥ ←반 마침

Ⓥ ←반 마침

큰악절(A)

Ⓥ ←반 마침

Ⓥ Ⓘ

(주) 1. 시작과 각 악절 끝맺음을 이해하여야 세 도막 형식의 가락짓기를 할 수 있을 것이다. 그러므로 □안 속의 화음들을 알아두어야 한다.

(주) 2. 세 도막 형식으로 가락짓기를 할 때 형식구조를 A+B+A로 보았을 때 B부분은 대부분 대조적인 성격을 나타나도록 변화있게 가락을 지어야 할 것이다.

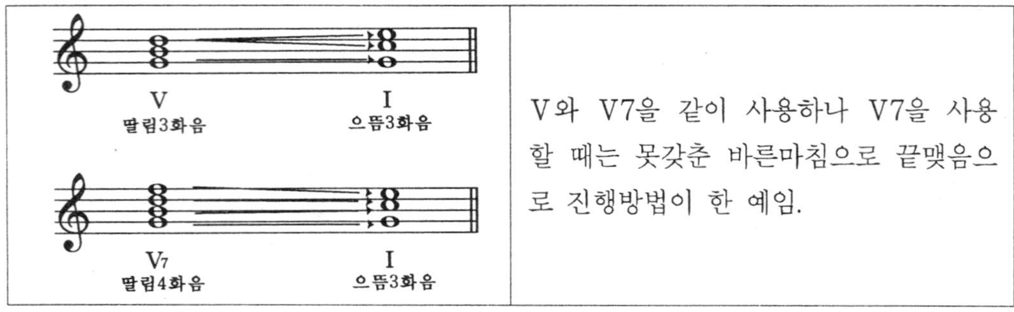

(3) 세 도막 형식 가락짓기 사례

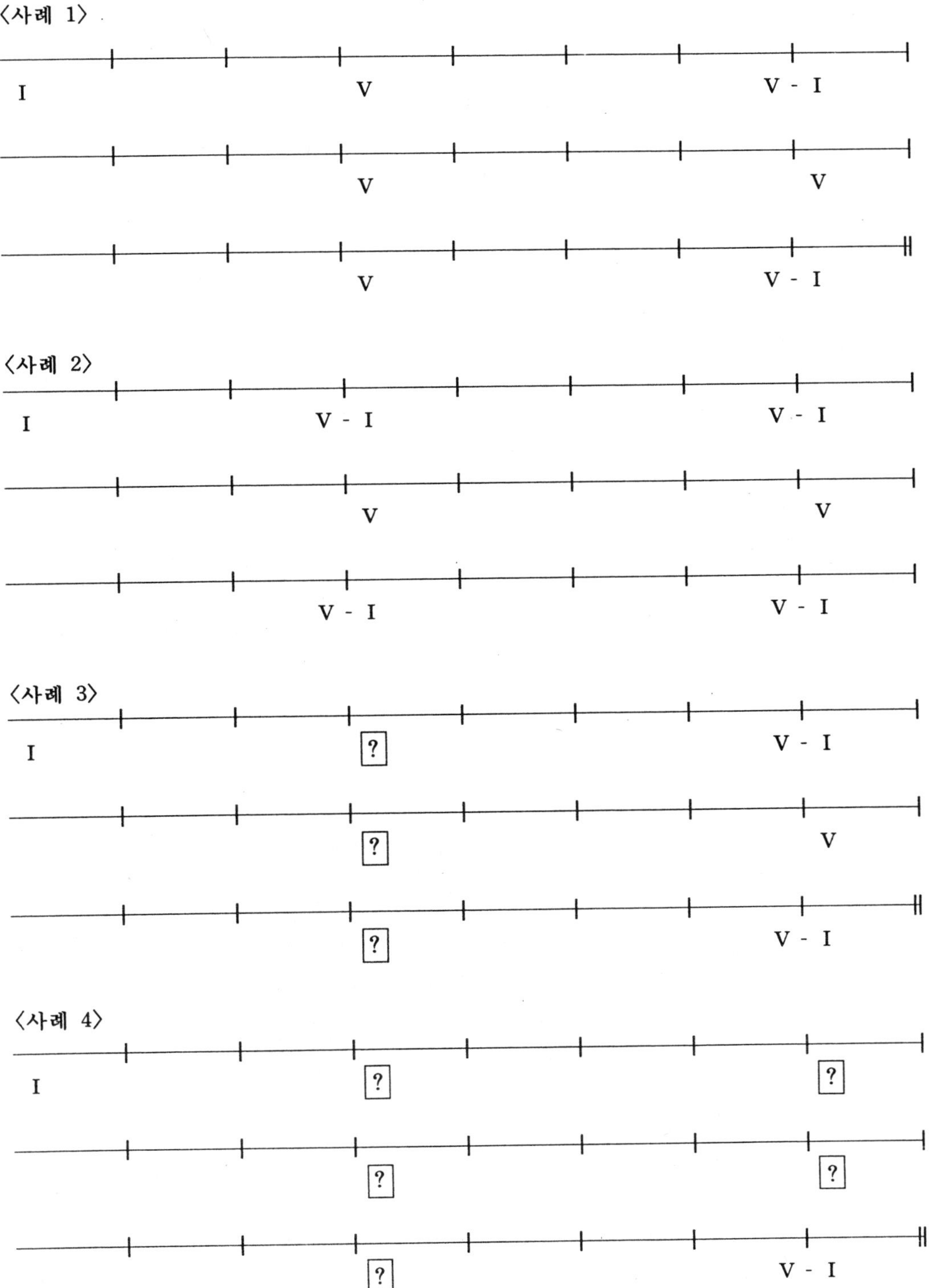

1) 다음 곡을 완성시키되, 갖춘 바른마침으로 하시오.

<응용 1>

형식 구조 : A(a+a′) B(b+b′) A(a+a′)

<응용 2>

형식 구성 : A(a+a′) B(b+c) A(a+a′)

<응용 3>

형식 구성 : A(a+a′) B(b+b) A(a+a′)

<실제 1>

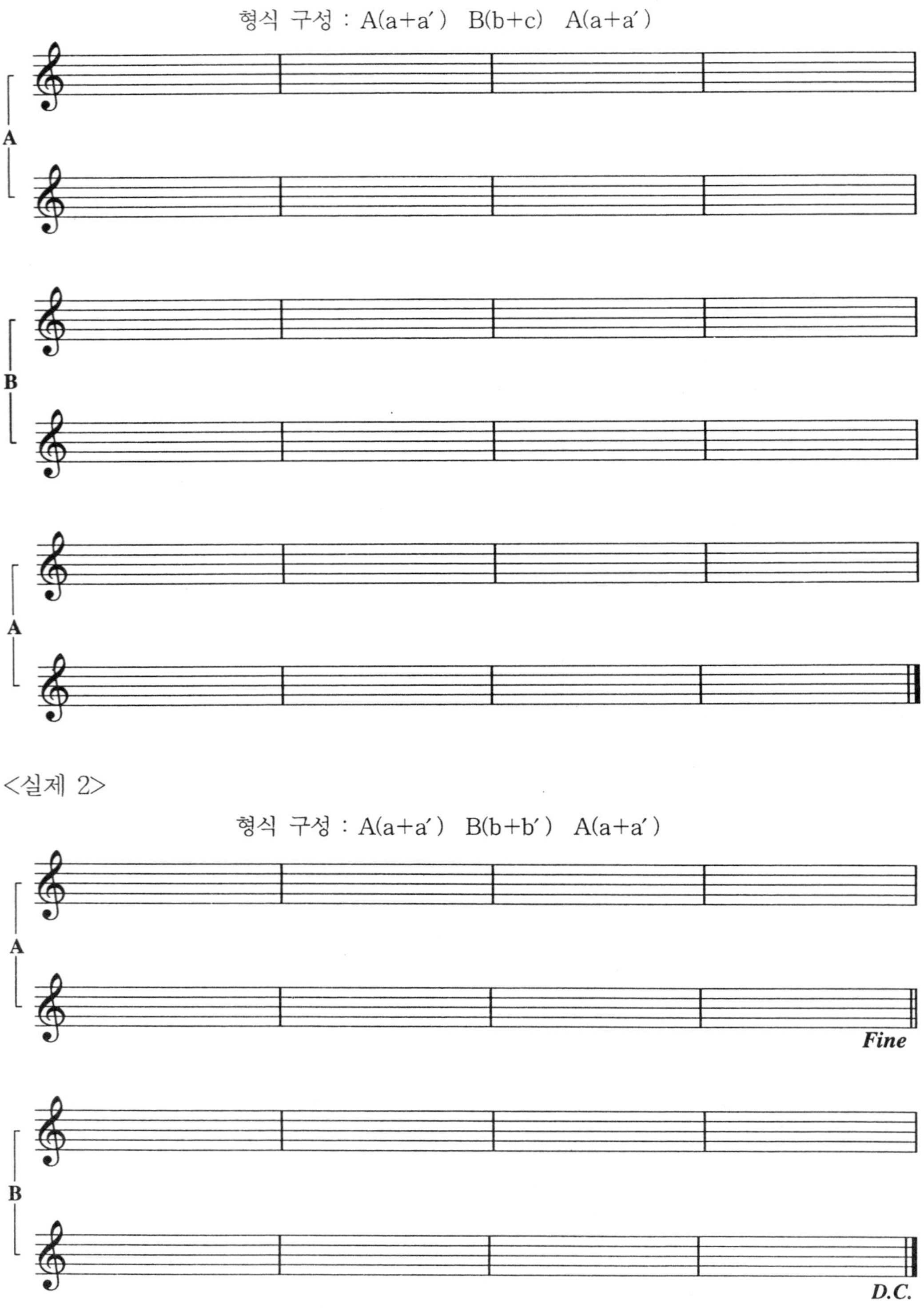
형식 구성 : A(a+a′) B(b+c) A(a+a′)
A
B
A
<실제 2>
형식 구성 : A(a+a′) B(b+b′) A(a+a′)
A
Fine
B
D.C.

2) 다음 곡을 완성시키되, 못갖춘 바른마침으로 하시오.

<응용 4>

<응용 6>

형식 구성 A(a+b) B(c+d) A′(a′+b′)

<실제 3>

형식 구성 : A(a+a′) B(b+b) A(a+b′)

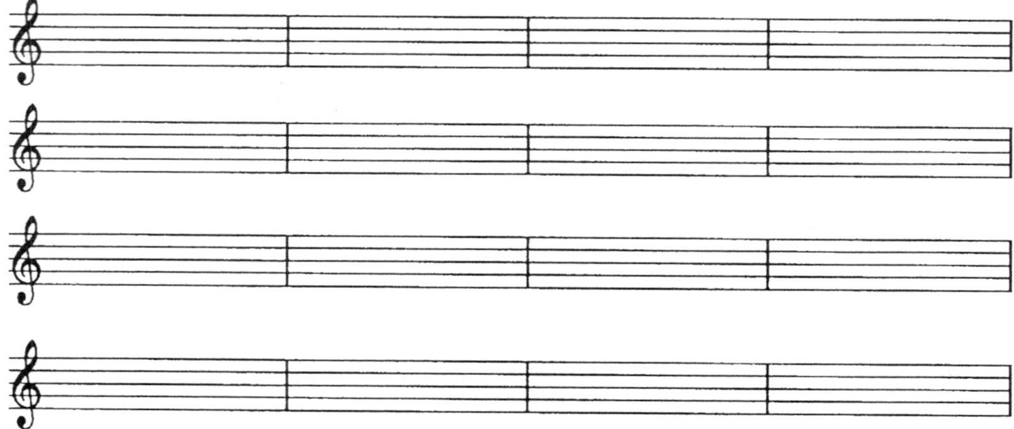

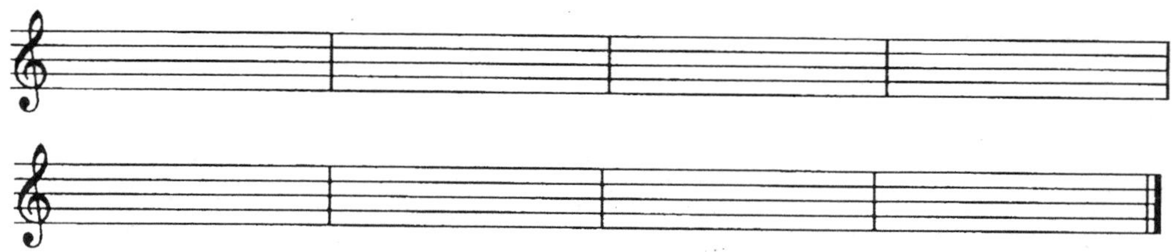

<실제 4>

형식 구성 : A(a+a′) B(b+b) A(a+a′)

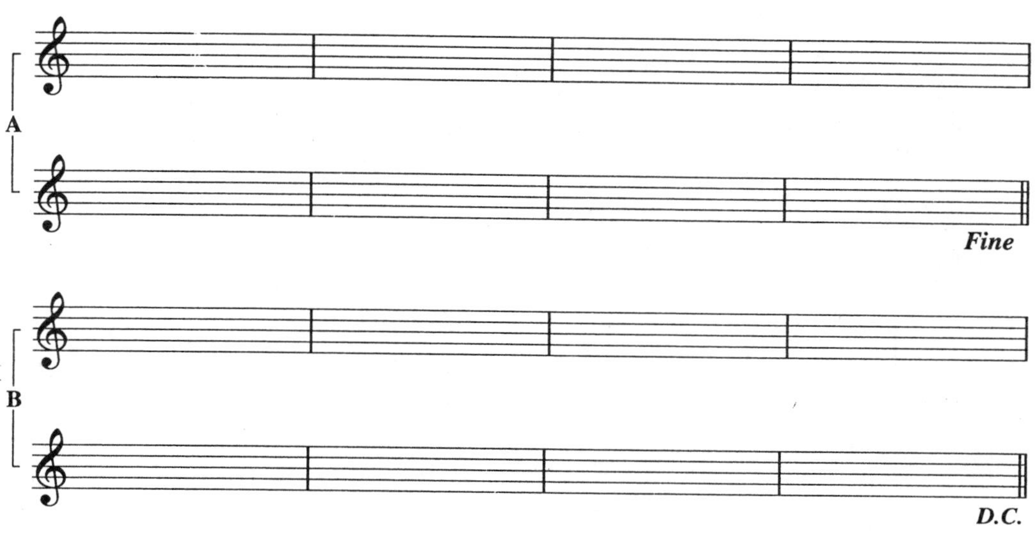

3) 리듬표시에 알맞은 음을 채워 넣으시오.

<응용 7> 형식 구조 A(a+a′) B(b+b) A(a+ b′)

4) 리듬표시를 먼저 만들어 놓고 가락짓기를 해보시오.

<실제 5>

형식 구조 A(a+a′) B(b+b′) A(a+b′)

A

B

A

<실제 6>

형식구조 : A(a+b) B(c+c′) A(a+b)

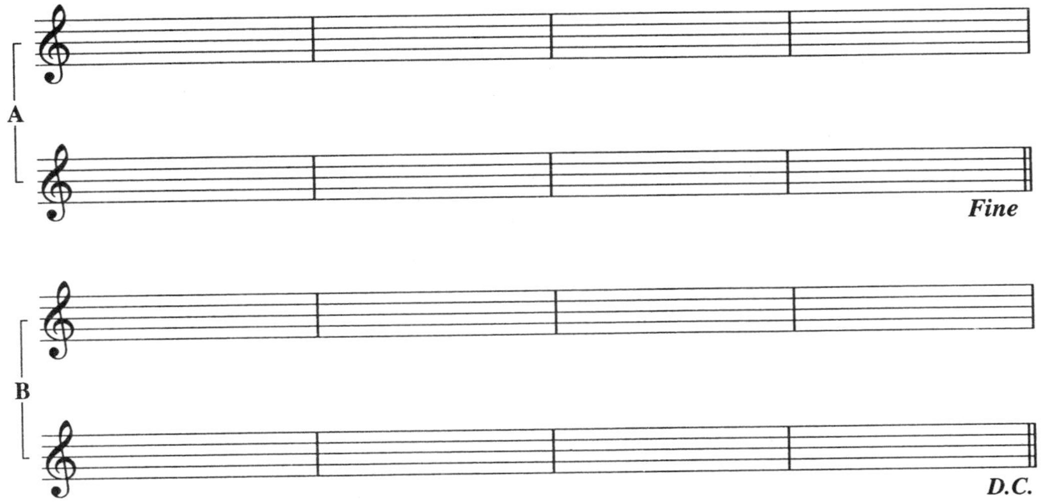

A

Fine

B

D.C.

세 도막 형식은 3개의 큰 악절이 성격에 따라 10종으로 나눌 수 있다.

① A+B+A	② A+B+A′	③ A+A+B	④ A+A′ +B
⑤ A+B+B	⑥ A+B+B′	⑦ A+B+C	⑧ A+A′ +A
⑨ A+A′ +A′	⑩ A+A′ +A′		

다음 형식구조는 세 도막 형식으로 큰 악절 3개 속에 작은 악절 6개로 짜여진 연결 방식으로 되어있는 것을 가지고 가락짓게 해보시오.

① A(a+a′)	B(b+b′)	A(a+a′)
② A(a+b)	B(c+d)	A(a+b)
③ A(a+b)	B(a′ +b′)	A(a+b)
④ A(a+b)	B(c+d)	A′ (a′ +b)
⑤ A(a+b)	B(c+d)	A(a+b′)
⑥ A(a+b)	B(c+d)	A′ (a′ +b′)
⑦ A(a+b)	B(b′ +b)	A(a+b)
⑧ A(a+b)	B(b+b′)	A(a+b)
⑨ A(a+b)	B(a′ +b′)	A(a+b)
⑩ A(a+b)	B(c+b′)	A(a+b)
⑪ A(a+b)	A′ (a′ +b)	B(c+d)
⑫ A(a+b)	B(c+d)	C(e+f)
⑬ A(a+b)	B(c+d)	A′ (a+e)
⑭ A(a+b)	B(c+d)	C(e+f)
⑮ A(a+b)	B(c+d)	B(c′ +d′) 등을 가락짓기 하시오.

7. 작은 세 도막 형식(Small Three part form, 英)

작은 세 도막 형식은 작은 악절 3개가 모여서 구성되어 있는 가락을 작은 세 도막 형식이라고 하며, 12마디로 이루어진 악곡 형식으로써 세 도막 형식의 축소 형식으로 생각하면 된다. 주로 동요나 찬송가 등에 사용되고 있다.

(1) 작은 세 도막 형식 가락짓기

(2) 작은 세 도막 형식 가락짓기 이해

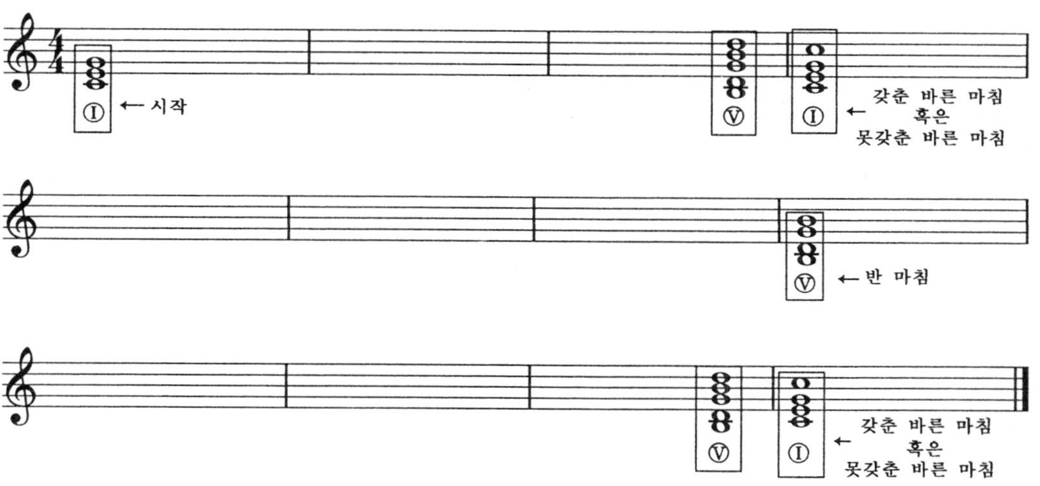

(3) 작은 세 도막 형식 가락짓기 사례

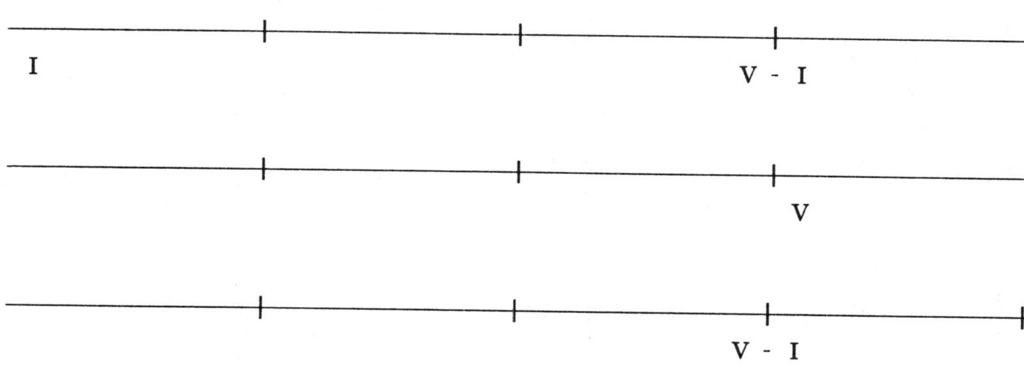

〈사례 2〉

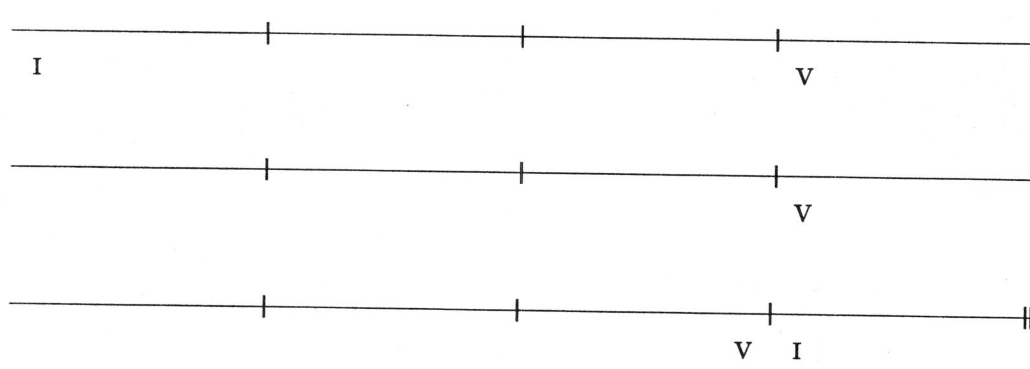

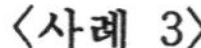

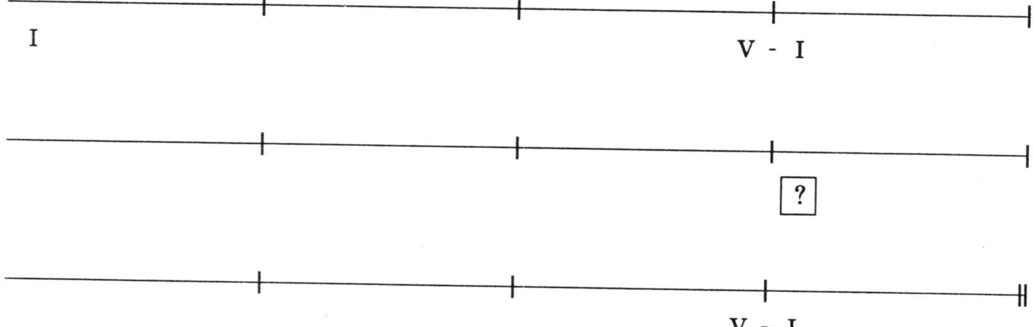

<사례>

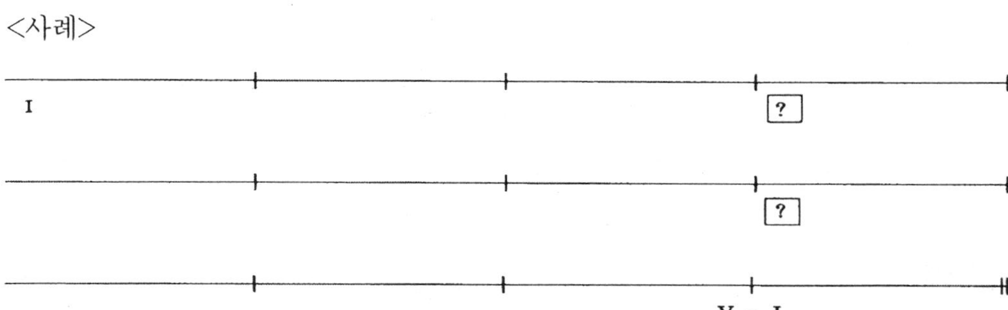

1) 다음 곡을 완성시키되, 갖춘 바른마침으로 하시오.

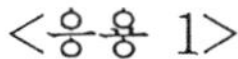

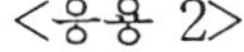

<응용 3>

형식구조 a+b+c (작은 악절)

2) 다음 곡을 완성시키되 못갖춘 바른마침으로 하시오.

<실제 5>

3) 리듬표시에 알맞은 음을 채워 넣으시오.

<응용 7>

형식구조 a+b+c (작은 악절)

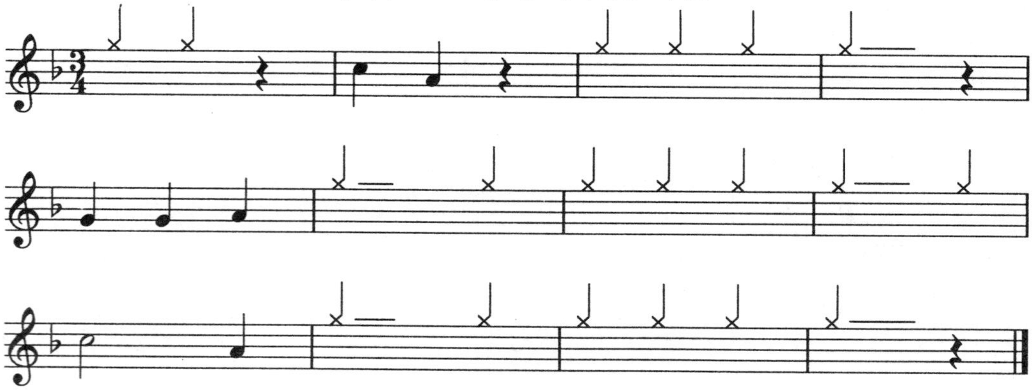

<응용 8>

형식구조 a+b+a (작은 악절)

V I

V

V I

<응용 9>

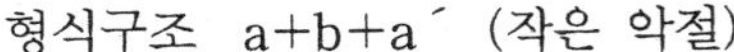

4) 리듬표시를 먼저 만들어 놓고 가락짓기를 해보시오.

<실제 6>

형식구조 a+b+a (작은 악절)

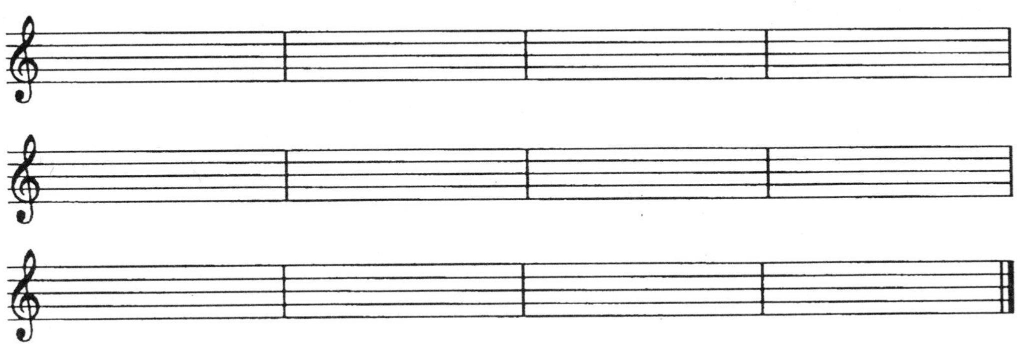

<실제 7>

형식구조 a+b+a´ (작은 악절)

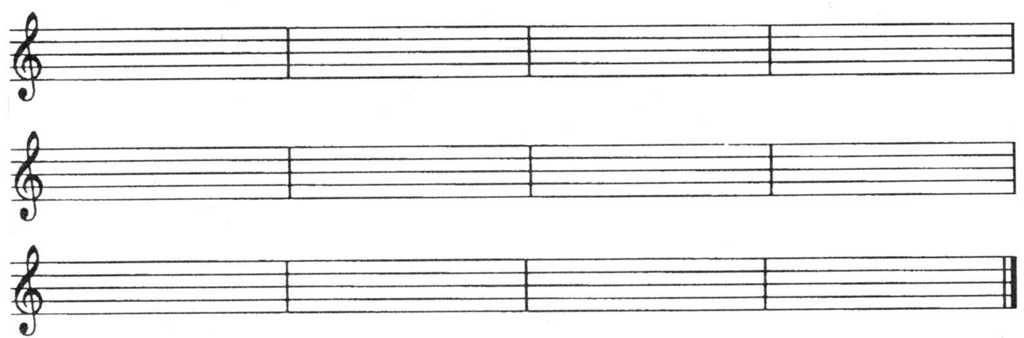

<실제 8>

형식구조 a+b+c (작은 악절)

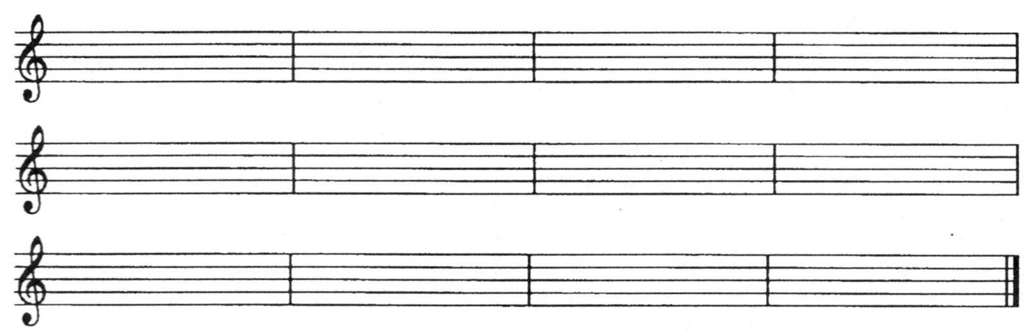

5) 다음 형식구성을 보고 작은 악절(4마디) 3개를 연결시켜, 작은 세 도막 형식으로 가락짓기를 해보시오.

① a+b+a ② a+b+a´ ③ a+a+b
④ a+a´+b´ ⑤ a+b+b ⑥ a+b+b˝
⑦ a+b+c´ ⑧ a+a´+a ⑨ a+a´+a´
⑩ a+a´+a˝ ⑪ a+a´+d ⑫ a+a´+a´
⑬ a+a´+a˝ 등을 가락짓기를 해보시오.

제 3 장

선율 진행(Melody Writing)

1. Melody 진행의 종류

(1) 순차 진행(順次進行;Melody by conjuction)

: 주로 2도 음정으로 진행되는 부드러운 선율

<실제 1>

(2) 도약진행(跳躍進行;Melody by disjuction)

: 주로 3도 이상의 음정으로 진행되는 선율

<실제 2>

(3) 온음계적 진행(全音段階 進行;Diatonic Melody)

: 주로 원음(幹音)으로 진행되는 평범한 선율

<실제 3>

(4) 반음계적 진행(半音階的 進行;chromatic Melody)

: 주로 변화음을 많이 사용하여 진행되는 선율

<실제 4>

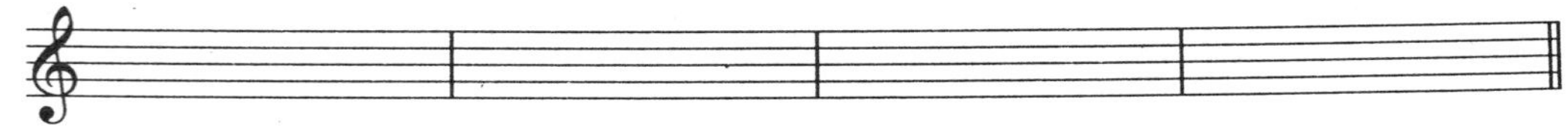

⑸ 5음 음계적 진행(五音音階的 進行;Melody on Pentatonic)

: 주로 Do, Re, Mi, Sol, La의 5음으로 진행되는 서양풍의 멜로디)

1) 서구풍의 5음 음계의 선율

<실제 5>

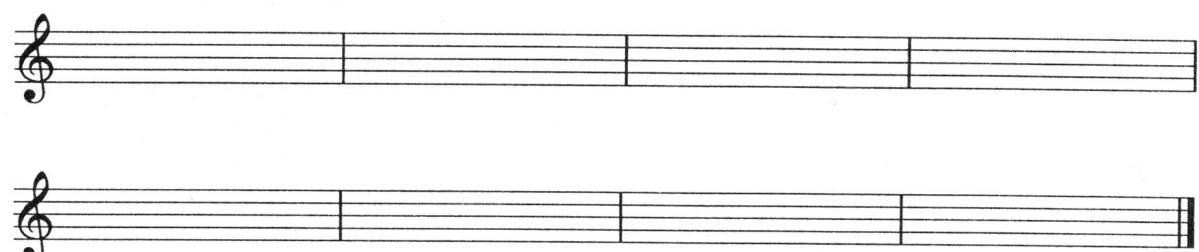

2) 동양(한국)풍의 5음 음계의 선율

<실제 6>

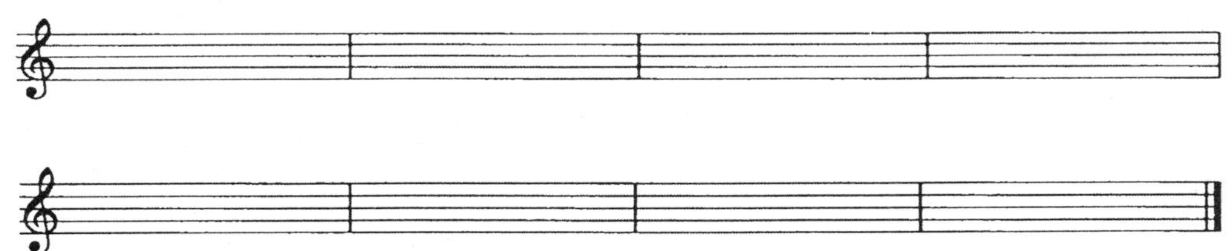

2. Melody의 모색(摸索)

(1) Melody(동기)의 변형된 모색

1) <실예 1>

<실제 1>

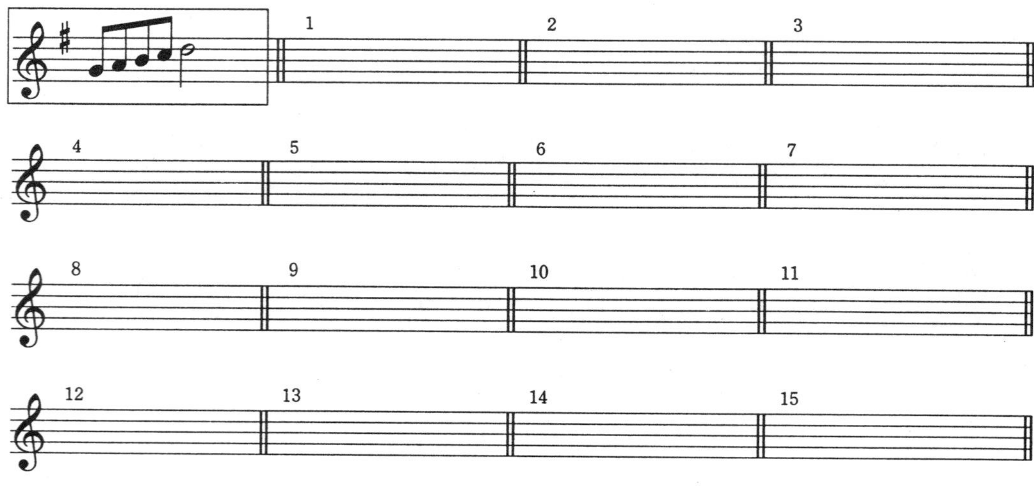

2) <실예 2>

<실제 2>

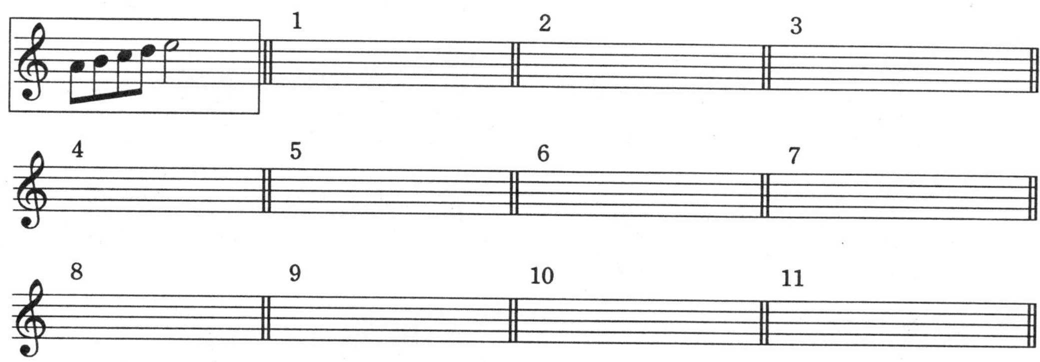

3) <실예 3>

1
2
3
5
5
6
7
8
9
10
11
12
13
14
15
16
17
18
19
20
21
22
23
24
25
26
27
28
29
30
31
32
33

<실제 3>

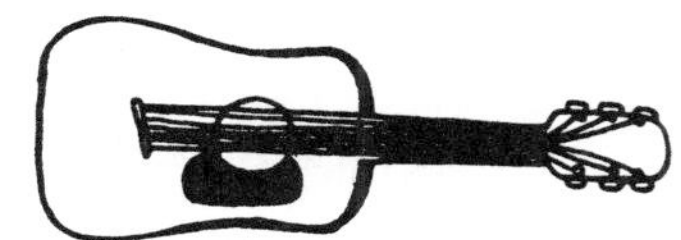

<실예 4>

4) 5음 음계만 사용

<실제 4>

5음 음계만 사용(Do, Re, Mi, So, La)

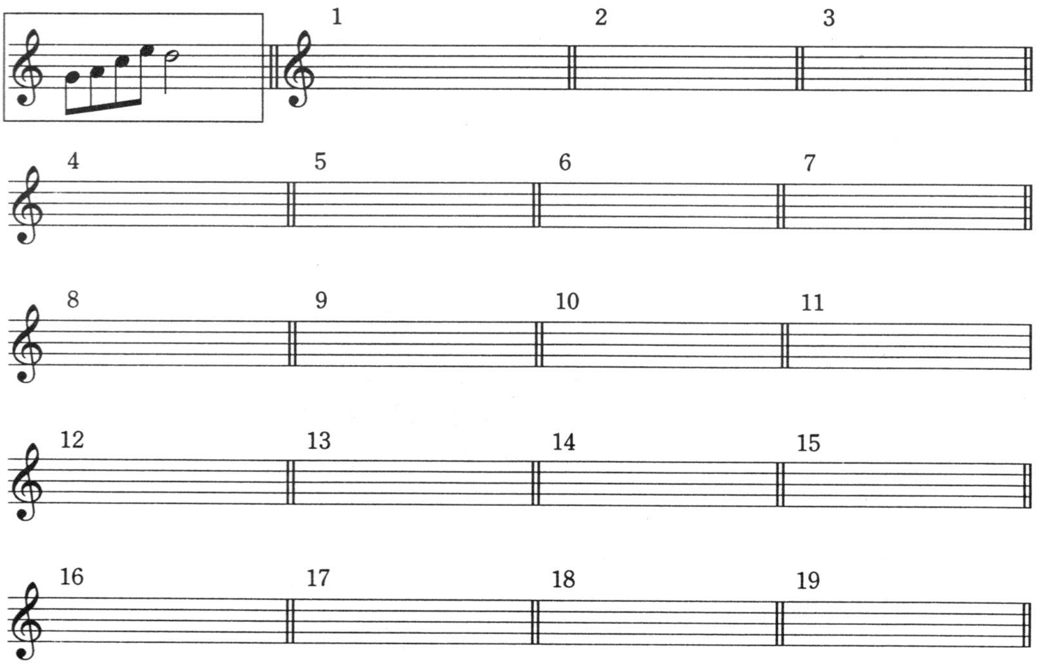

<실제 5>

다음 보기를 여러 가지 형태로 모색하여 보시오.

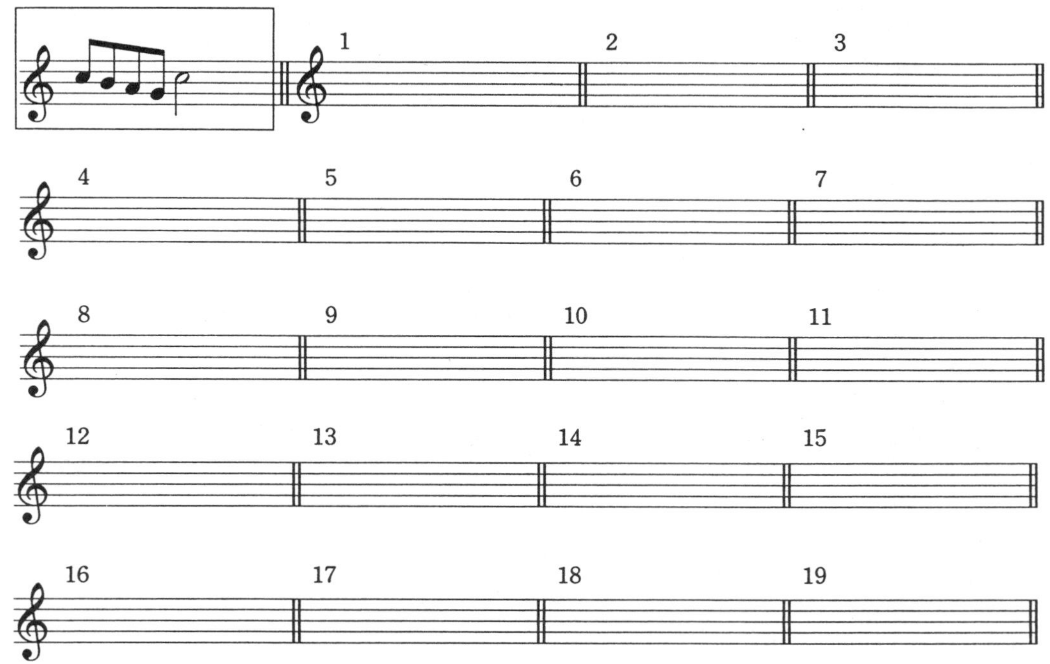

<실제 6> 다음 보기를 여러 가지 형태로 모색하여 보시오.

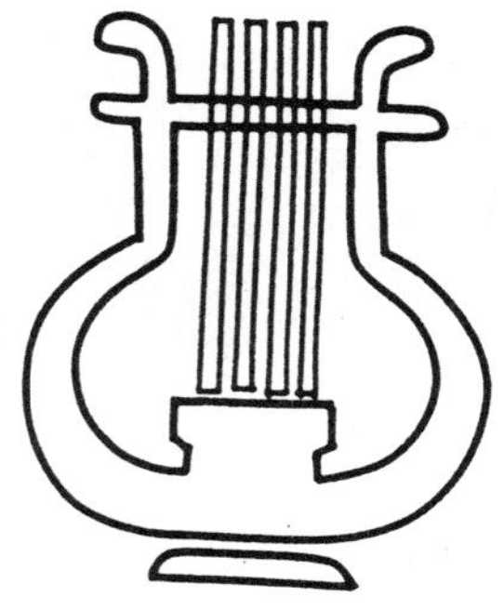

<실제 7> 다음은 □안에 리듬꼴에 알맞은 가락을 만들어 놓고 여러 가지 형태를 모색하여 보시오.

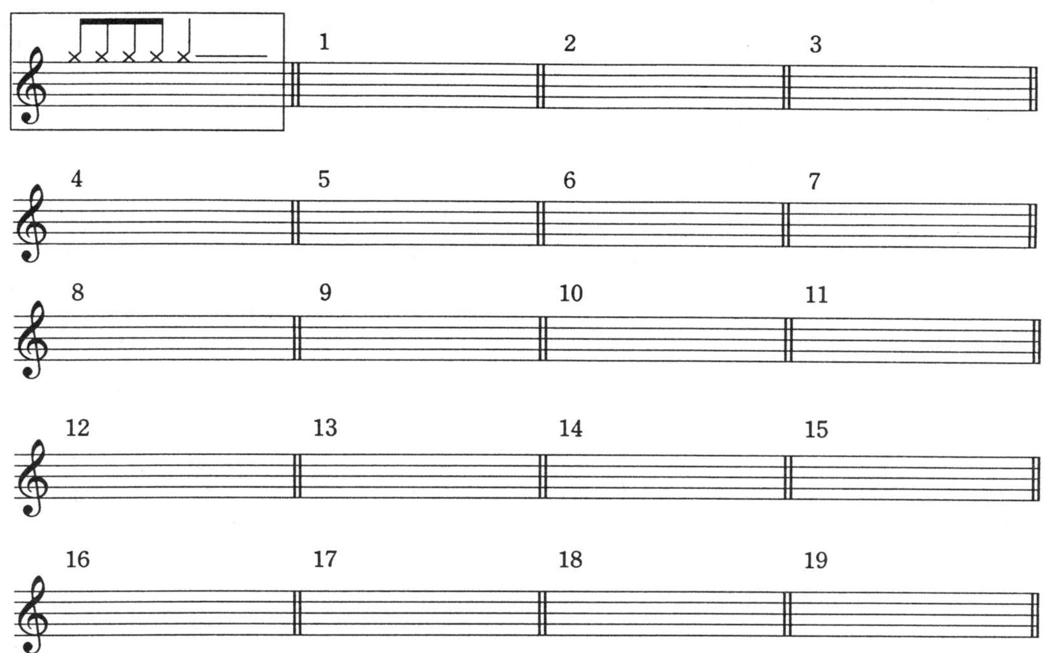

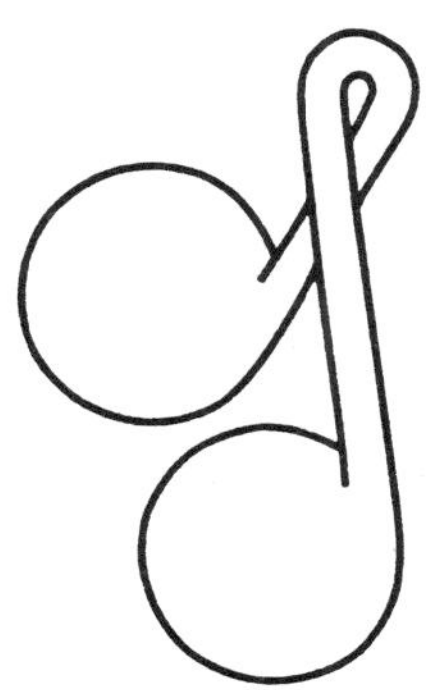

<실제 8>

다음은 □안에 5음 음계를 사용하여 가락을 만들어 놓고 여러 가지 형태를 모색하여 보시오.

(2) Melody 작은 악절 변형의 모색

1) 주어진 가락은 단순한 리듬꼴이 되도록 한다.

2) 변형된 가락은 다시 사용하지 않는다.

<실예 1>

<실제 1>

<실예 2>

<실제 2>

<실제 3>

3) Melody(작은 악절)을 완성시켜 변형시키시오.

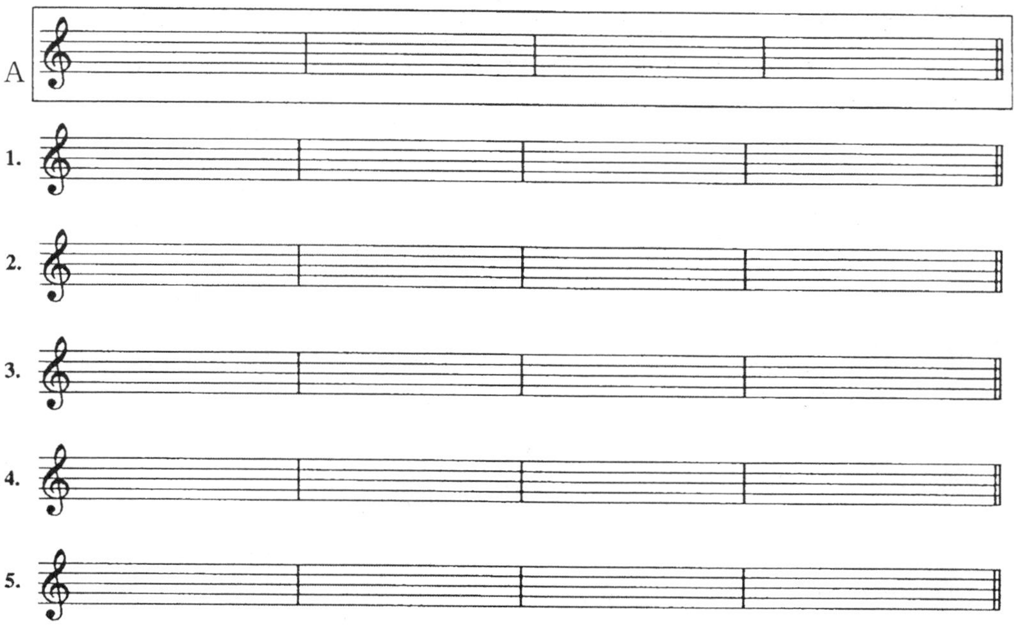

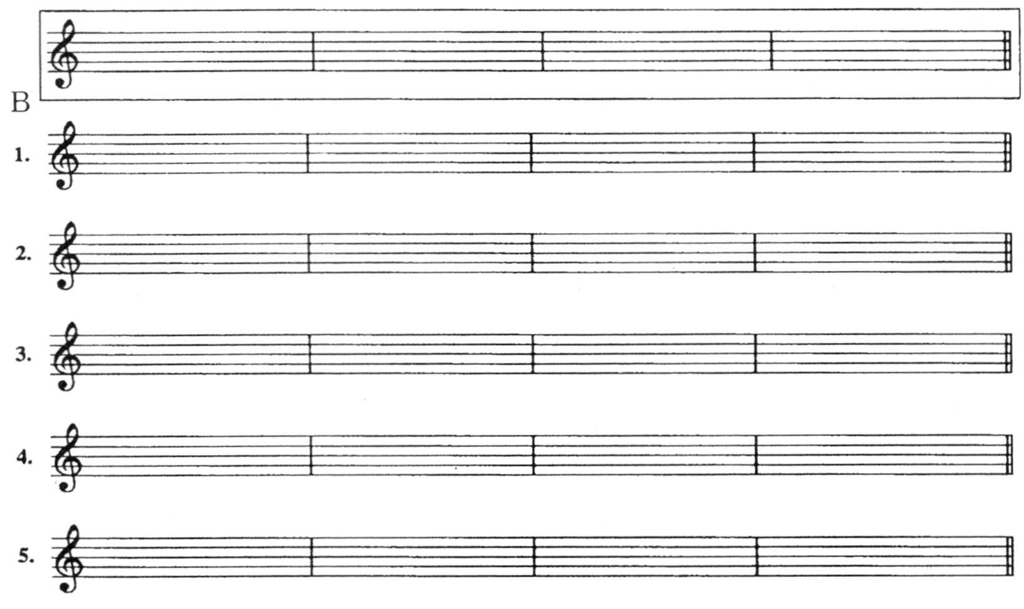

<실제 4>

D
1.
2.
3.
4.
5.

제 4 장
3화음(三和音)

1. 배음(倍音;Harmonics overtone)

(1) 배음(倍音;Harmonics overtone)

어느 한 음을 진동시키면 보다 약한 다른 음들이 울린다.

이것을 배음 또는 부분음(部分音;partial tone) 자연음(自然音;Natural tone)이라고 한다. 다시말하면 prismatic 즉 하나의 무지개빛(배음의 비유)의 다채로움의 7가지 색이 나타나는 효과를 말할 수 있을 것이다.

(주) 1) 설정된 한 음을 기음(基音;Fundamental tone)이라고 한다.
2) 기음을 바탕으로 완전8도 위의 음을 제1배음;완전8도+완전5도 위의 음을 제2 배음이라고 부른다.
3) 배음은 현악기의 Harmonics나 Flageolet 또는 piston이 없는 금관악기, 즉 Natural Horn, Slide Trombone 나팔로 실험해 보면 알 수 있다.
4) 위의 배음의 1~6 까지의 음들을 모아 보았을 때 Do는 세 번 Sol 두 번 Mi는 한 번 들어있음을 알 수 있다.

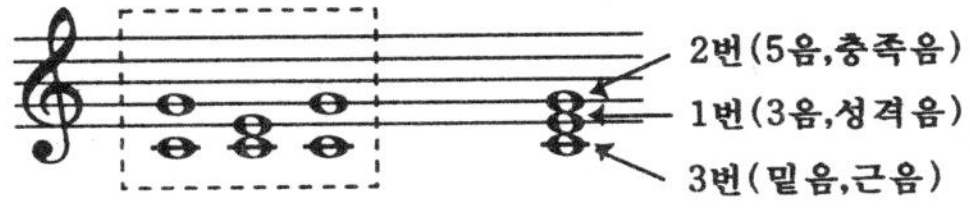

※ 화음(화성)에서 중복 및 생략할 때 참조하기 바람

위의 화음의 성격을 보았을 때 밑음 중복이 가장 좋으며, 그 다음으로는 5음 중복이 될 것이다. 3음은 성격음이므로 가급적 중복을 피하여야 할 것이며, 생략해서도 안좋을 것이다. 또한 밑음 역시 생략하면 화음성격 자체가 달라지므로 생략을 해서는 안되나 2성부 즉 Alto를 붙일때는 예외도 있음을 기억해 두어야 할 것이다.

2. 3화음의 종류

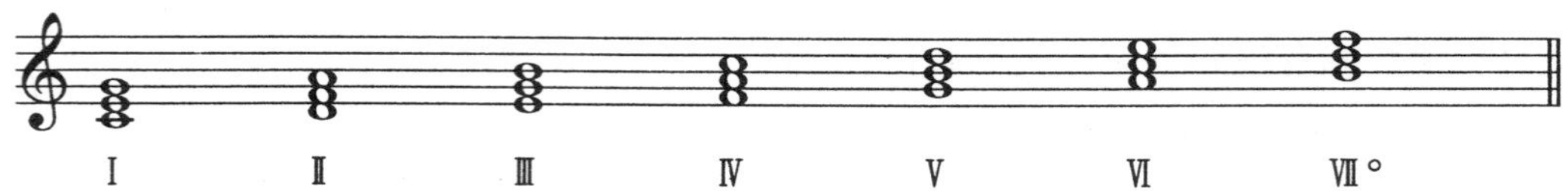

I, IV, V : 주요 3화음(主要(正)三和音) ; Primary Triad

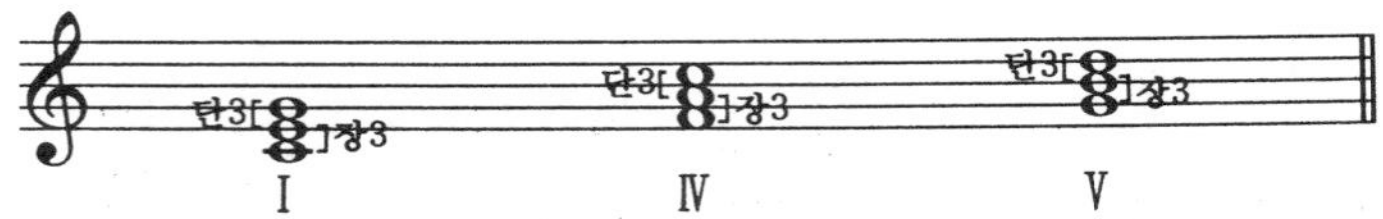

장3도 + 단3도 = 장3화음(밝고 딱딱한 협화음이다)

II, III, VI, VII° : 버금 3화음(버금(副)三和音) ; Secondary

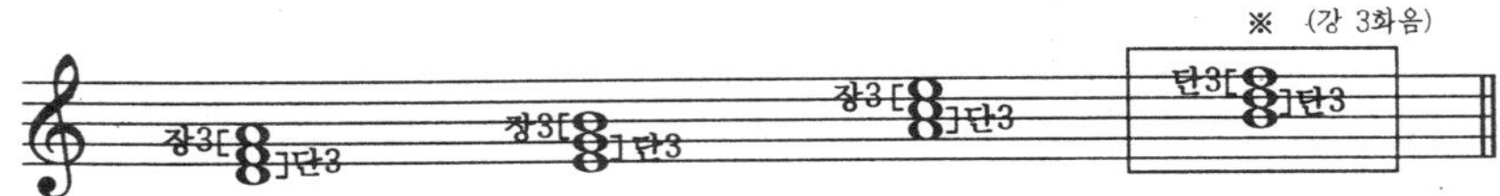

단3도 + 장3도 = 단3화음(어둡고 연한 협화음이다)

※ 단3도+단3도=감3화음(어둡고 연한 불협화음이다)
장3도+장3도=증3화음(밝고 딱딱한 불협화음이다)

3. 3화음의 기능(機能;;Function)

(1) I(으뜸화음;Tonic Triad · I도 화음)
조에 있어서의 중심적 위치를 차지하고, 조를 대표하는 기능을 가지고 있다.

(2) V(딸림 3화음;Dominant Triad · V도 화음)
상행 이끈음인 Si를 가지고 있고, I도 화음으로 진행하려는 기능을 가지고 있다.

(3) IV(버금딸림 3화음;Sub-dominant Tonic Triad · IV도 화음)
하행이끈음 La를 가지고 있고, I도 화음으로 직접 진행하거나, V도 화음을 통해서 I도 화음으로 진행하려는 기능을 가지고 있다.

(4) Ⅱ(웃으뜸 3화음;Supper-tonic Triad · II도 화음)
Ⅳ도의 대리기능을 가지고 있기 때문에 Sub-dominant parallel Triad라고도 부른다.

(5) Ⅲ(가온 3화음;Mediant Triad · III도 화음)
Ⅴ도 화음의 대리기능을 가지고 있기 때문에 Dominant parallel Triad라고도 한다.

(6) Ⅵ(버금 가온 3화음;Sub-mediant · VI도 화음)
Ⅰ도 화음의 대리기능을 가지고 있기 때문에 Tonic parallel Triad라고도 부른다.

(7) Ⅶ°(이끈 3화음;Leading tone Triad · VII도 화음)
Ⅴ도 화음같이 Ⅰ도화음으로 진행하려는 기능을 가지고 있으며, 딸림7화음(Dominant 7th chord)의 밑음이 생략된 것으로 생각하면 된다.

4. 3화음의 생략 및 중복법

(1) 2성부 일 때
2성부는 상황에 따라 적당한 음을 생략 또는 중복시켜야 한다.

(a)는 완전4도이므로 공허함과 협화음이 아니므로 사용하는 것은 바람직스럽지 못하다.
(b) Alto 성부는 협화음이나 너무 낮은 음이라 바람직스럽지 못하다.
(주) 1) Alto 성부를 붙일 때 악곡 중간에 난이할 때 한 음을 사용하므로서 생략 및 중복을 시킨다.

(2) 3~4 성부일 때
1) 밑음 중복이 가장 좋으나 생략은 나쁘다.
2) 5음은 중복도 생략도 할 수 있다.
3) 3음은 중복도 생략도 나쁘다.

5. 버금 3화음의 대리 기능

Ⅰ도 화음의 대리화음은 Ⅵ도 화음이고, Ⅳ도 화음의 대리화음은 Ⅱ도 화음이다. 그리고 Ⅴ도 화음의 대리화음은 Ⅲ도 화음이라고 한다.

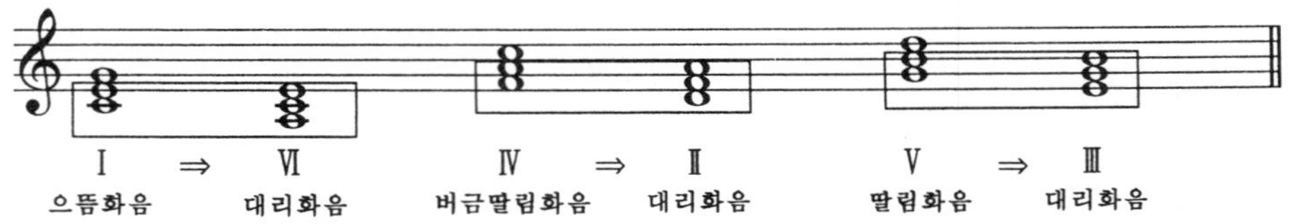

주요 3화음(장3화음): Ⅰ, Ⅳ, Ⅴ도의 대리화음인 버금 3화음(단3화음): Ⅱ, Ⅲ, Ⅵ도 화음이다.

주요 3화음의 대리기능을 강화하기 위해서는 3음을 중복시켜야 함을 기억해 두어야 할 것이다.

6. 3화음의 기본위치와 자리바꿈

3화음의 위치는 세 가지가 있다.

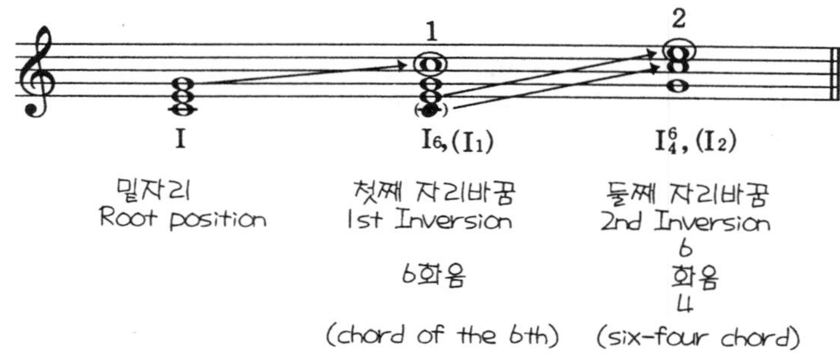

(1) 밑자리 화음에 비하면 첫째 자리바꿈 화음은 소리가 좀 약하고, 둘째 자리 바꿈 화음은 첫째 자리바꿈화음보다 더 약하다.

(2) 둘째 자리바꿈 화음은 첫째 자리바꿈화음 보다도 더 음량이 약하기 때문에 시작하는 첫음과 마치는 끝음에는 사용하지 않는다.

(3) 아래 악보는 둘째 자리바꿈했을 때 해결방법 예시한 것으로 a.b는 2도 상·하로 해결되었고, c.d는 같은 음으로 해결시켰으며, 한 화음의 도약진행은 상관없다.

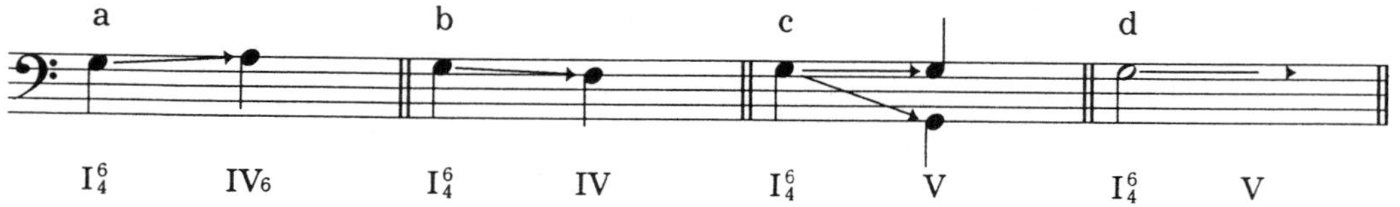

7. 마침법(終止法; Cadence)

악곡의 끝이나 중간에 있어서의 마침법은 4종으로 크게 나누어진다.

(1) 바른마침(政格終止;Authentic Cadence) : V - I

1) 갖춘 바른 바침 : 1.

2) 못갖춘 바른마침 : 2. a), b), c), d), e)

a), b)는 으뜸화에 선행하는 딸림화음에 자리바꿈을 하였으며, c), d)는 soprano에 으뜸음 이외의 음이 놓였다. 그리고 e)는 으뜸화음이 여린(약)박에 있기 때문이다.

(2) 벗어난 마침(變格終止;Plagal Cadence) : Ⅳ - I

아 - 멘 마침이라고도 함. : 3.

(3) 거짓마침(虛僞終止;Deceptive Cadence) : V - Ⅵ 또는 Ⅵ-?(I , Ⅳ 이외의 화음)

사기 마침이라고도 함. : 4. a), b)

(4) 반마침(半終止;Half Cadence) : I - V 또는 ?- V

: 5. a), b), c)

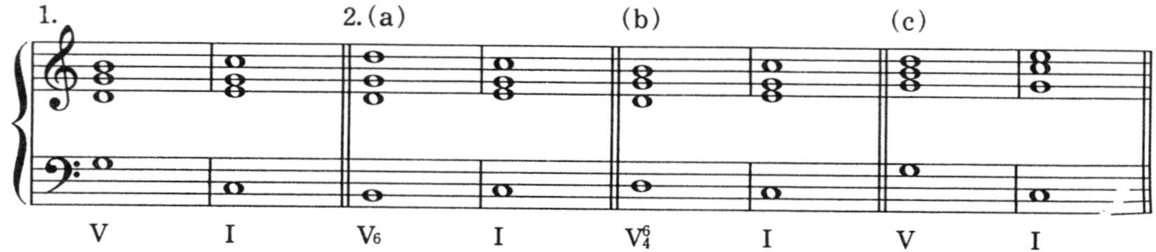
1.
2.(a)
(b)
(c)
V
I
V6
I
V$^6_4$
I
V
I

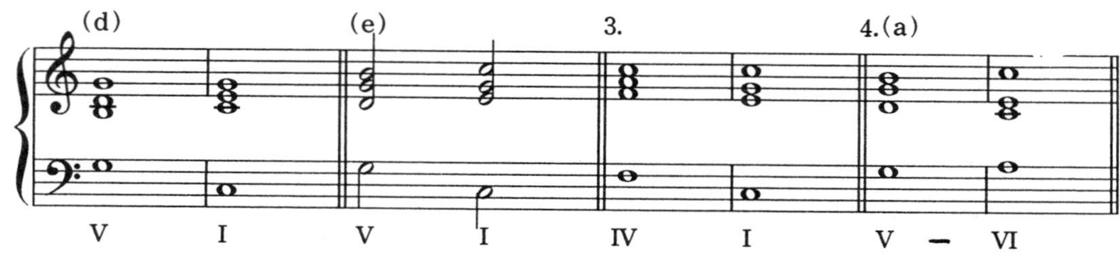
(d)
(e)
3.
4.(a)
V
I
V
I
IV
I
V – VI

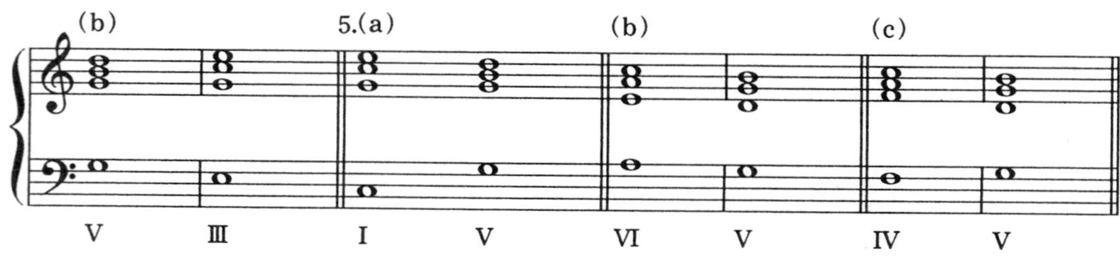
(b)
5.(a)
(b)
(c)
V
III
I
V
VI
V
IV
V

제 5 장

성역(聲域;Vocal Ranges)

1. 성인용 음역(音域)

노래란 인성(人聲)에 의하여 이루어지기 때문에 각 성역(음역)을 미리 알아둘 필요가 있다.

물론 직업적인 성악이나 합창단도 있지만 작곡이란 보편성을 지녀야 하기 때문에 안전한 음역을 고려해야 한다.

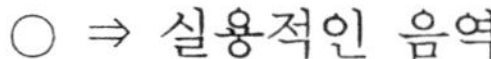

● ⇒ 연주가능한 최대 음역

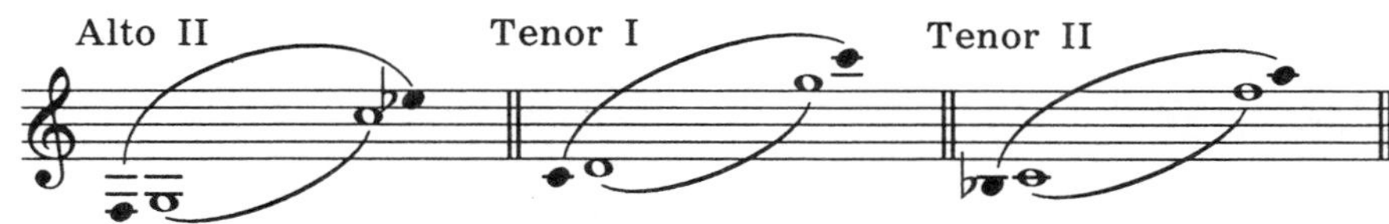

(주) 1) Tenor는 악보보다 실음이 한 octave 낮은 음이며, Bass Ⅰ는 Baritone과 같은 음역(音域)이다.
2) 위의 음역은 성인을 중심으로 한 것이다.

2. 대중성 음역

남녀 모두가 편안하게 부를 수 있는 음역을 말한다.
(예 : 의전가(의식가), 군가, 국민가요, 찬송가 등)

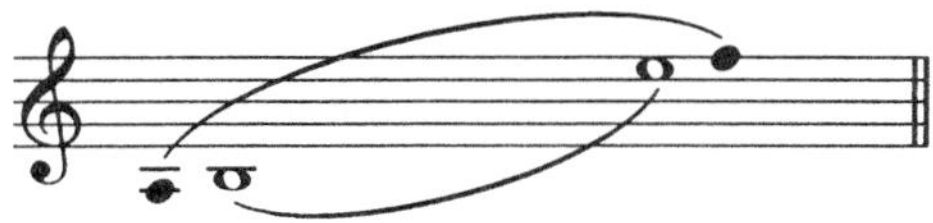

같은 F(바)음일지라도 F#(올림바)는 G♭(내림사) 즉 딴이름 한소리가 되므로 소리내기는 무리가 따름을 지적해 둔다.

3. 유아기 음역

대략 3~5세 정도를 말할 수 있으며, 이 시기에는 음의 폭이 좁다.

4. 초등학생 음역

초등학교 학생들의 음역(성역)은 보통 3단계로 나눌 수 있다. 1·2학년(저), 3·4학년(중), 5·6학년(고) 등의 학년에 따라 음역을 설정해서 가락짓기 또는 편곡을 해두어야 할 것이다.

1·2학년(초) 3·4학년(중) 5·6학년(고)

위에 예시한 음역(성역)을 꼭 지켜야 된다는 것이 아니므로 참조하기 바란다.

제 6 장
주선율에 타성부 붙이기

1. 2성부 만들기

(1) 시작과 끝음은 Ⅰ도 화음과 끝나기 전에는 Ⅴ도나 V^7 화음이 사용함과 앞 악절(1·3악절) 끝은 반마침 등을 꼭 기억해 두어야할 것이다.

(2) Alto 성부를 붙일 때 시작과 끝맺은 음에는 하나의 화음에 4도나 5도음이 생기지 않도록 하여야 하나 하나의 음(1度)으로 사용함은 관계가 없다. 또한 가락의 진행에 있어서는 3도나 6도 음정을 붙이는 것이 좋으며, 이외의 음이 나타날 때는 가급적 약박에 나타나는 것이 자연스러우나 그 음가는 강박에 나타나는 음의 길이보다 같거나 혹은 짧아야 함을 기억해 두어야할 것이다.

(3) 먼저 화음기호표를 적은 다음 그리고 수정하고, Alto 성부를 붙인다.

<실예 1>

한 도막 형식

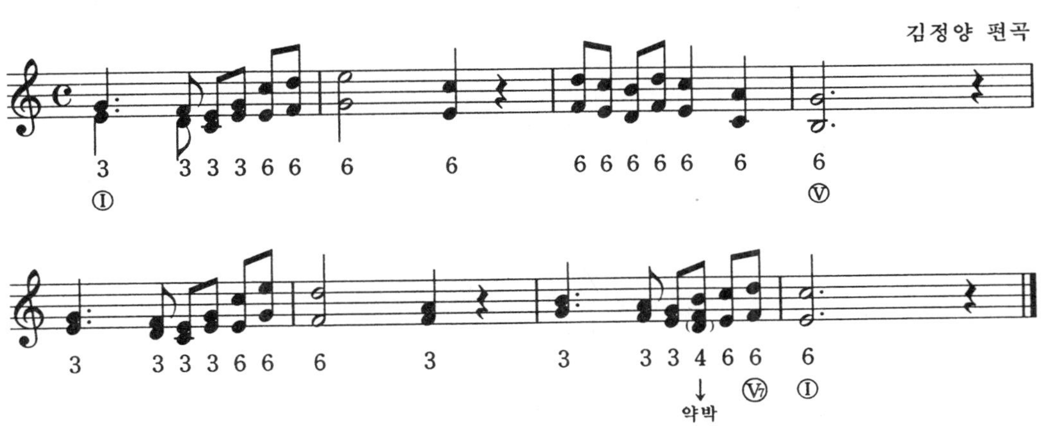

<실예 2>

한 도막 형식

1) [a] 는 Ⅰ도 화음의 선취화음 즉 [b]의 화음감을 미리 취함을 말한다.

2) [b] 는 Ⅰ도 화음으로 끝맺어야 하지만 한 음으로 끝나므로 화음감을 느끼지 못하며 단순하게 끝날 수밖에 없는 이유는 3도음을 붙이면 Ⅰ도 화음이 아닌 Ⅵ도 화음이 되며, 6도음을 붙이며 Alto 소리를 낼 수 없는 낮은 소리가 되므로 한 음으로 끝날 수밖에 없음을 기억해두기 바란다.

<사례>

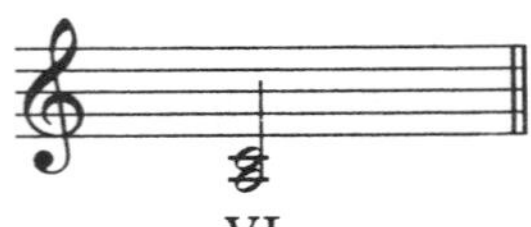

Ⅰ도 화음이 아니므로 3도음을 사용할 수 없다.

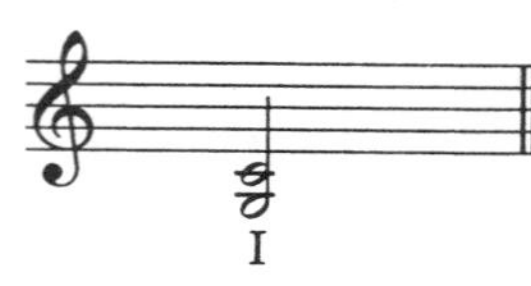

Ⅰ도 화음이지만 4도음은 완전 4도이므로 화음감을 느낄 수 없는 화음이므로 사용할 수 없다.

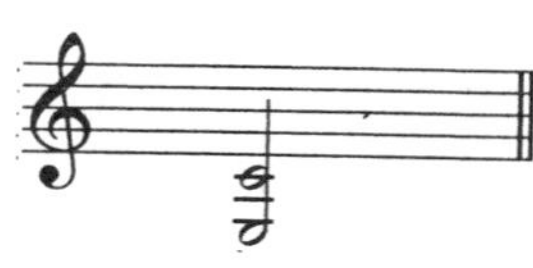

Ⅰ도 화음이지만 사용할 수 없는 것은 Alto음을 낼 수가 없기 때문이다.

<실예 3>

작은 세도막 형식

김정양 편곡

<실예 4>

작은 세도막 형식

김정양 편곡

다음 가락은 “고향의 봄”이다. Alto 성부를 붙이어 보시오.

<실제 1>

다음 가락은 “꼬마 눈사람”이다. Alto 성부를 붙이시오.

<실제 2>

다음 가락은 “구슬비”이다. Alto 성부를 붙이시오.

<실제 3>

다음 가락은 “봄 나들이”이다. Alto 성부를 붙이시오.

<실제 4>

2. 3성부 만들기

① 시작과 마침은 2성부 붙이기와 같다.

② 중복을 시킬 때는 근음이나 5음을 시켜야 되며, 3음 중복은 가급적 피하도록 하고, 생략할 때는 5음 생략함을 기억해 두어야 할 것이다.

③ 먼저 화음기호표를 적은 다음 M, Sop와 Alto 성부를 붙인뒤 수정 보완한다.

<실제 5>

여성 3부

화음기호(I , IV, V)를 붙이시오.

다음 가락은 "탄일종"이다. M, Sop(제2 소프라노)와 Alto 성부를 붙이시오.

<실제 6>

( ) 편곡

<실제 7>

다음 가락은 "소나무"이다.
화음기호(I, Ⅳ, V)를 붙이고 중복된 음을 ◯표로 생략된 음은 (　　)표로 하시오·

(여성 3부)

<실제 8>

다음 가락은 "성탄 장식"이다.
M, Sop(제2 소프라노)와 Alto 성부를 붙이시오.

(여성 3부)

※ a. b a는 다장조 Si로 b는 다장조 Do로 생각하면 된다.
즉 잠시 조(調)가 바뀐 것으로 생각하면 된다.

바장조에서 다장조로

<실제 9>

다음 가락은 "티리 톰바"이다.
M, Sop(제2 소프라노)와 Alto 성부를 붙이시오.

3. 가락에 의한 단순한 반주 붙이기

(주) 1) ①과 ⑧의 Do는 I도나 IV도를 쓸 수 있으나 시작과 끝맺은 음으로 I도 화음을 꼭 사용하여야 한다.

2) ⑤는 Sol(G)이므로 I도나 V도 중에 택일하여 사용하면 되나 V도보다 I도로 진행하는 편이 느낌이 매끄럽게 들림을 참고하기 바랍니다.

※ 가락짓기 순서

1. Melody를 작곡한다.
(가사 표현에 적합한 리듬꼴을 5선보에 표기하는 방법도 참고하기 바람.)
2. 화음기호를 표기하고, 수정 · 보완한다.
3. 타성부 가락을 채워 넣는다.
4. 3음 생략이나 병행 1, 5, 8도(3 · 4성부)가 있는가 확인하고, 수정 · 보완한다.
(가능하면 은복 1, 5, 8도를 확인하면 더욱 좋음)

◉ 2성부에는 근음이나 5음이 생략될 수 있음.

부 록

※ 가락에 타성부(M, SoP와 Alto)와
반주 붙이기 실습용 첨부

<예제 1>

여 름
(2부합창)
지태영 작사
지태영 작곡
재미있게
1.시 냇물 은 졸 졸졸 졸 맑 은여 름 날
2.시 -원 한 바 람불 때 함 께모 여 서
3.즐 거움 다 교 회학 교 예 배당 가 자
아 름다 운 새 노래 를 하 는아 침 에
우 리같 이 노 래공 부 하 며놉 시 다
우 리같 이 성 경공 부 열 심히 하 자
(남자)
(여자)
넓 은 바 다 로
우 리 어 디로갈 까 넓 은 바 다 로
교 회 학 교 로
(여자)
(남자)
넓 은 바 다 로
우 리 어 디로갈 까 넓 은 바 다 로
교 회 학 교 로
즐 거움 다 맑 은여 름 우 리다 같 이
서 -늘 한 저 녁때 가 돌 아오 며 는
예 수님 의 귀 한말 씀 잊 지말 고 서
함 께모 여 재 미있 게 놀 아봅 시 다
우 리함 께 노 래공 부 다 시합 시 다
맑 은여 름 즐 거움 게 지 내봅 시 다

<실제 1>

예수님은 나의 친구
(Alto 성부 붙이기)
김정양 시
김정양 곡
아 오 늘 은 즐 겁 고 – 기 쁜 날
아 오 늘 은 즐 거 운 – 주 일 날
오 늘 은 예 수 님 께 찬 송 하 는 날
오 늘 은 예 수 님 께 예 배 하 는 날
예 수 (짝짝) 예 수 (짝짝) 나 의 친 구
예 수 (짝짝) 예 수 (짝짝) 나 의 친 구

<실제 2>

아 이 야
(Alto성부 붙이기)
김희종 시
김정양 곡
아이야 (짝 짝) 문을열 자 (짝) 예수영접함께하 며 (짝 짝 짝)
아이야 손을잡 자 예수능력받자꾸 나
아이 야 (짝 짝) 모여보 자 (짝) 예수사랑하자꾸 – 나 (짝 짝 짝)
아이 야 노래하 자 예수찬미하자꾸 – 나

<실제 3>

주고 싶어서

(Alto성부 및 반주 붙이기)

김희종 시
김정양 곡

주 고 싶 어 서 주 고 싶 어 서
주 고 싶 어 서 주 고 싶 어 서

무 엇 이 든 주 고 싶 – 어 – 서
무 엇 이 든 많 이 주 고 싶 어 서

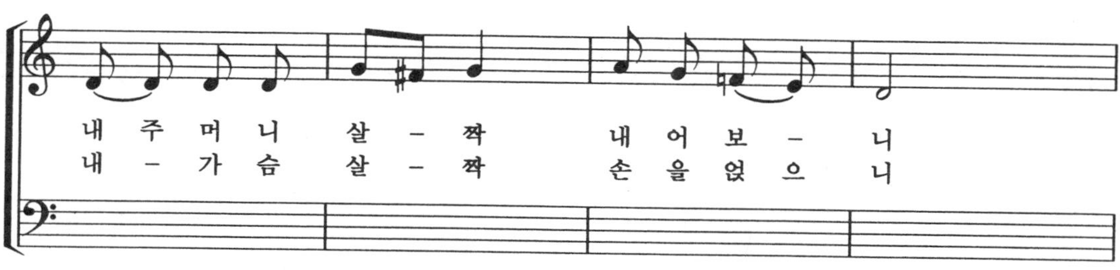
내 주 머 니 살 – 짝 내 어 보 – 니
내 – 가 슴 살 – 짝 손 을 얹 으 니

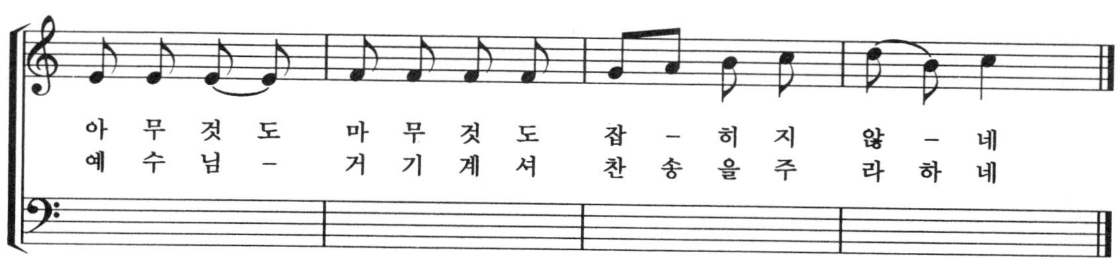
아 무 것 도 마 무 것 도 잡 – 히 지 않 – 네
예 수 님 – 거 기 계 셔 찬 송 을 주 라 하 네

<실제 4>

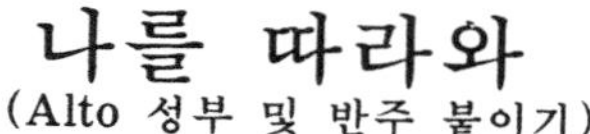
나를 따라와
(Alto 성부 및 반주 붙이기)

바 다로 갈까 산 으로 갈까 어 디 로가 놀 까

바 다는 파도 산 에는 그늘 아 시원 하겠 네

나 를따 라와 나 를따 라와 예 수 님부 르 는

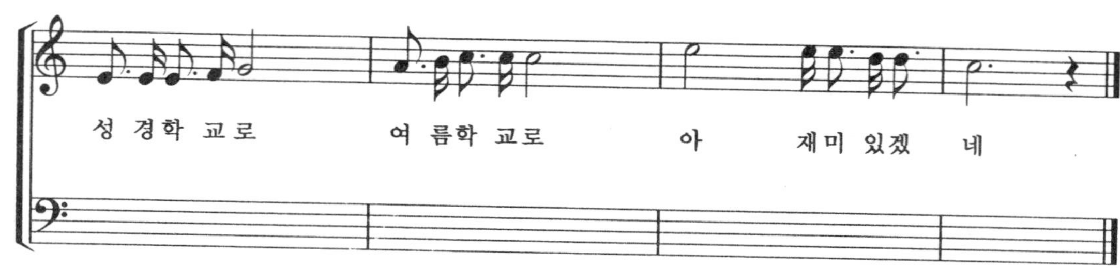
성 경학 교로 여 름학 교로 아 재미 있겠 네

<예제 2>

최영일 시
김두완 곡

1.사 랑으 로 우 리를 길 러주 시 – 는
2.참 되고 도 재 미난 하 나님 말 – 씀
3.밝 은햇 빛 주 시는 우 리하 나 – 님

고 마우 신 하 나님 우 리하 나 님
언 니같 이 졸 졸졸 읽 지못 하 나
내 마음 도 환 하게 비 쳐주 시 사

예 배하 는 한 시간 기 쁜맘 으 로
한 자한 자 손 으로 짚 어가 면 서
착 한마 음 가 지고 살 아가 도 록

작 은입 을 벌 려서 찬 송합 니 다
반 짝이 는 눈 으로 성 경봅 니 다
작 은두 손 모 아서 기 도합 니 다

<예제 3>

우리 하나님

서성욱 작시
이천진 작곡
김순현 편곡

1.이 세 상 을 만 드 신 우 리 하 나 님
2.이 세 상 을 만 드 신 우 리 하 나 님
3.이 세 상 을 만 드 신 우 리 하 나 님

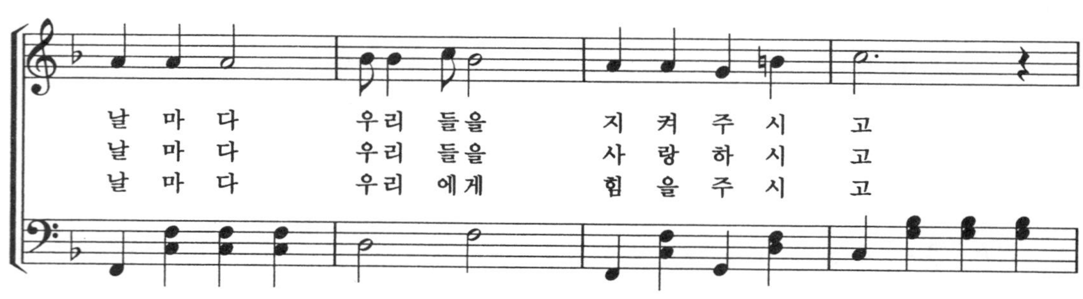

날 마 다 우리 들을 지 켜 주 시 고
날 마 다 우리 들을 사 랑 하 시 고
날 마 다 우리 에게 힘 을 주 시 고

공 – 중 에 나는 새도 지 켜 주 셔 요
아름다 운 꽃– 들도 사 랑 하 셔 요
주 – 님 의 일꾼 되라 일 러 주 셔 요

마 6:25-34

<예제 4>

창세기 출애굽기

1.창 –세 기 출 애굽 기 레 –위 – 기 민 수 기
2.열 왕기 하 역 대기 상 역 –대 기 하 에 스 라
3.에 –스 겔 다 –니 엘 호 세아 요 엘 아 모 스
4.마 –태 – 마 가누 가 요 한복 – 음 사 도 –
5.데 살로니 가 전 –후 와 디 –모 데 전 디 모 데
6.이 –성 경 권 –수 를 나 눠 놓 으 면 신 약 은

신 –명 기 여 –호 수 아 사 사 기 룻 기 와
느 헤미 야 에 –스 더 와 욥 시 편 잠 언 과
오 바댜 – 요 –나 미 가 나 훔 – 하 박 국
로 –마 – 고 –린 도 전 고 린 도 후 서 와
후 –서 와 디 도 빌 레 몬 히 브 리 야 고 보
이 십 칠 – 구 약 삼 십 구 이 성 경 권 수 를

사 무엘 상 서 사 무엘 – 하 –서 와 열 왕기 상 서
전 도아 가 서 이 사야 – 예 레미 야 애 –가 – 서
스 –바 – 냐 학 –개 – 스 가랴 – 말 –라 – 기
갈 라디 아 서 에 베소 와 빌 립보 – 골 –로 – 새
베 드로 전 후 요 한일 이 삼 –유 다 요 한계 시 록
모 두합 하 니 생 명의 – 양 식이 – 육 십육 이 라

<예제 5>

예수님의 마음
(Alro성부 및 반주 붙이기)
차숙자 작사
김종덕 작곡
예수님의마 음 내 마음 사랑 의마 – 음
예수님의마 음 내 마음 즐거 운마 – 음

예수님의마 음 내 마음 언 제나한 마 음
예수님의마 음 내 마음 언 제나한 마 음

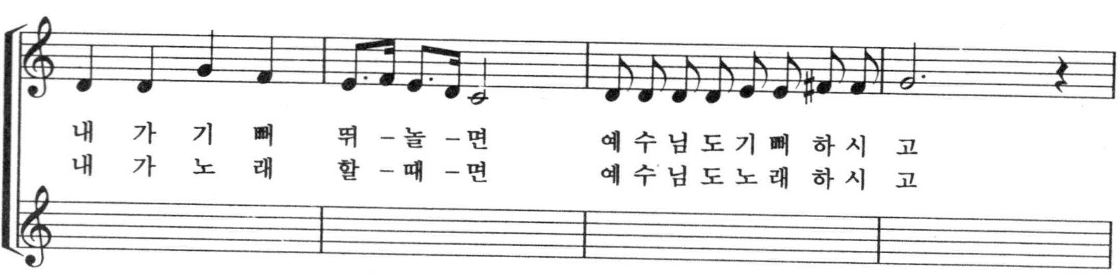
내 가 기 뻐 뛰 –놀 –면 예수님도기뻐하시 고
내 가 노 래 할 –때 –면 예수님도노래하시 고

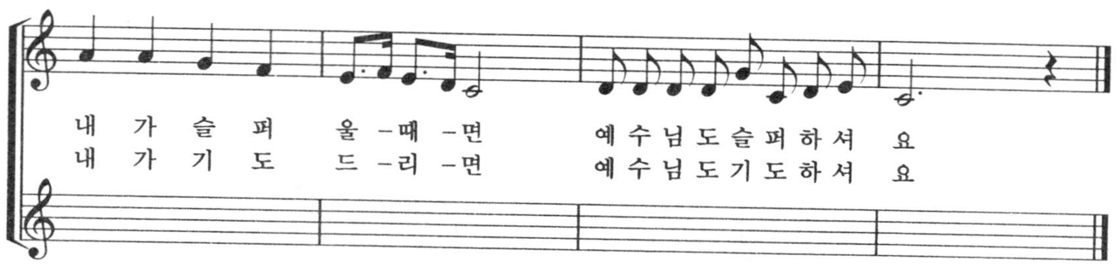
내 가 슬 퍼 울 –때 –면 예수님도슬퍼하셔 요
내 가 기 도 드 –리 –면 예수님도기도하셔 요

<실제 6>

날아가고 싶어요

(Alto 성부 및 반주 붙이기)

김희종 작사
김정양 작곡

비 행기 가 윙 윙 날 아가 면 은 –
비 행기 가 윙 윙 날 아올 때 면 –

어 디 로 가 는 걸 까 나 – 도 타 – 고 올 랐 으 면
어 디 서 오 는 걸 까 나 – 도 타 – 고 올 랐 으 면

높 이 높 이 가 면 은 하 나 님 나 라 있 다 던 데
높 이 높 이 안 가 도 하 나 님 나 라 있 다 던 데

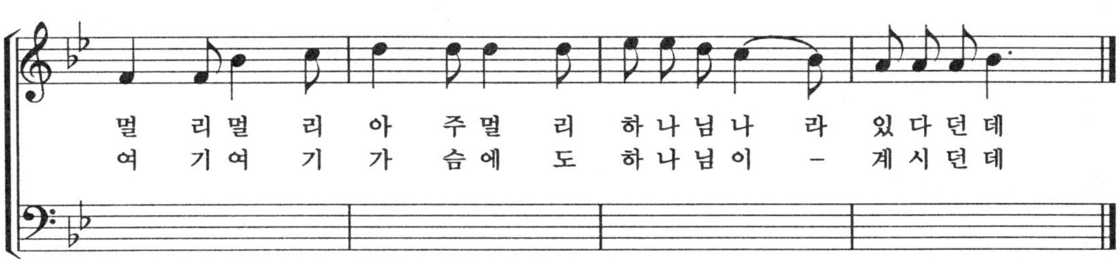
멀 리 멀 리 아 주 멀 리 하 나 님 나 라 있 다 던 데
여 기 여 기 가 슴 에 도 하 나 님 이 – 계 시 던 데

<예제 5>

깨끗한 마음으로

(2부합창)

이태선 시
이경희 곡

1.깨 끗 한 마 음 으 로 예 배 합 니 다 –
2.감 사 한 마 음 으 로 찬 송 합 니 다 –
3.겸 손 한 마 음 으 로 기 도 합 니 다 –

주 님 의 그 사 랑 을 채 워 주 셔 요 –
은 혜 를 더 욱 더 욱 알 게 하 셔 요 –
날 마 다 내 마 음 에 함 께 하 셔 요 –

주 님 의 그 사 랑 을 채 워 주 셔 요 –
은 혜 를 더 욱 더 욱 알 게 하 셔 요 –
날 마 다 내 마 음 에 함 께 하 셔 요 –

<예제 6>

예수님의 아이

유영희 시
장수철 곡

1.햇 별아 래 반 짝이 는 포 플러 를 못 보나
2.저 하늘 에 뭉 게뭉 게 피 는구 름 봇 보나
3.가 지새 에 들 -리 는 예 쁜소 리 못 듣나
예 수님 의 아 이들 은 억 세어 야 한 단다
예 수님 의 아 이들 은 생 각해 야 한 단다
예 수님 의 아 이들 은 듣 는애 야 한 단다
산 에서 나 냇 가에 서 씩 씩하 게 뛰 놀자
착 한마 음 고 운마 음 아 름답 게 피 우자
매 미소 리 빗 소리 에 주 님음 성 듣 -자
교 회에 서 배 운말 씀 가 슴속 에 지 니고

<실제 7>

하나님 시계
(가락에 반주 붙이기)
김희종 시
김정양 곡
시 계 가 – 똑 딱 똑 딱 움 직 입 니 다
별 도 달 도 햇 님 도 – 차 례 를 맞 춰

큰 바 늘 작 은 바 늘 장 단 맞 – 춰
봄 여 름 가 을 겨 울 수 를 놓 으 며

하 나 님 – 시 계 따 라 움 직 입 니 다
하 나 님 – 시 계 따 라 움 직 입 니 다

<실제 8>

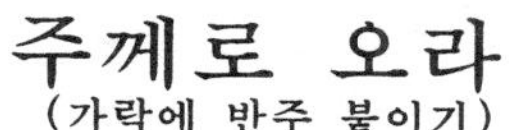
주께로 오라
(가락에 반주 붙이기)

김정수 작사
김정수 작곡

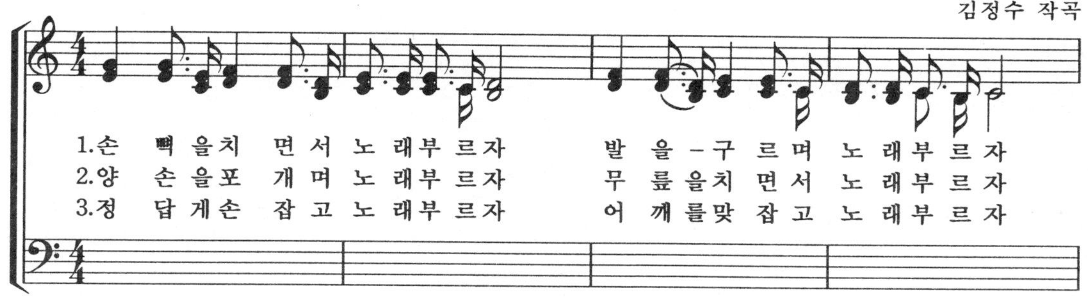
1.손 뼉을치 면서 노 래부 르자 발 을-구 르며 노 래부 르자
2.양 손을포 개며 노 래부 르자 무 릎을치 면서 노 래부 르자
3.정 답게손 잡고 노 래부 르자 어 깨를맞 잡고 노 래부 르자

두 주먹힘 껏쥐고 주 께로 가자
가 슴을활 짝펴고 주 께로 가자 예 수님 우 리들을
어 깨를으 쓱이며 주 께로 가자

소 리쳐 부른다 찬 송을부 르며 주 께로 가자

<실제 9>

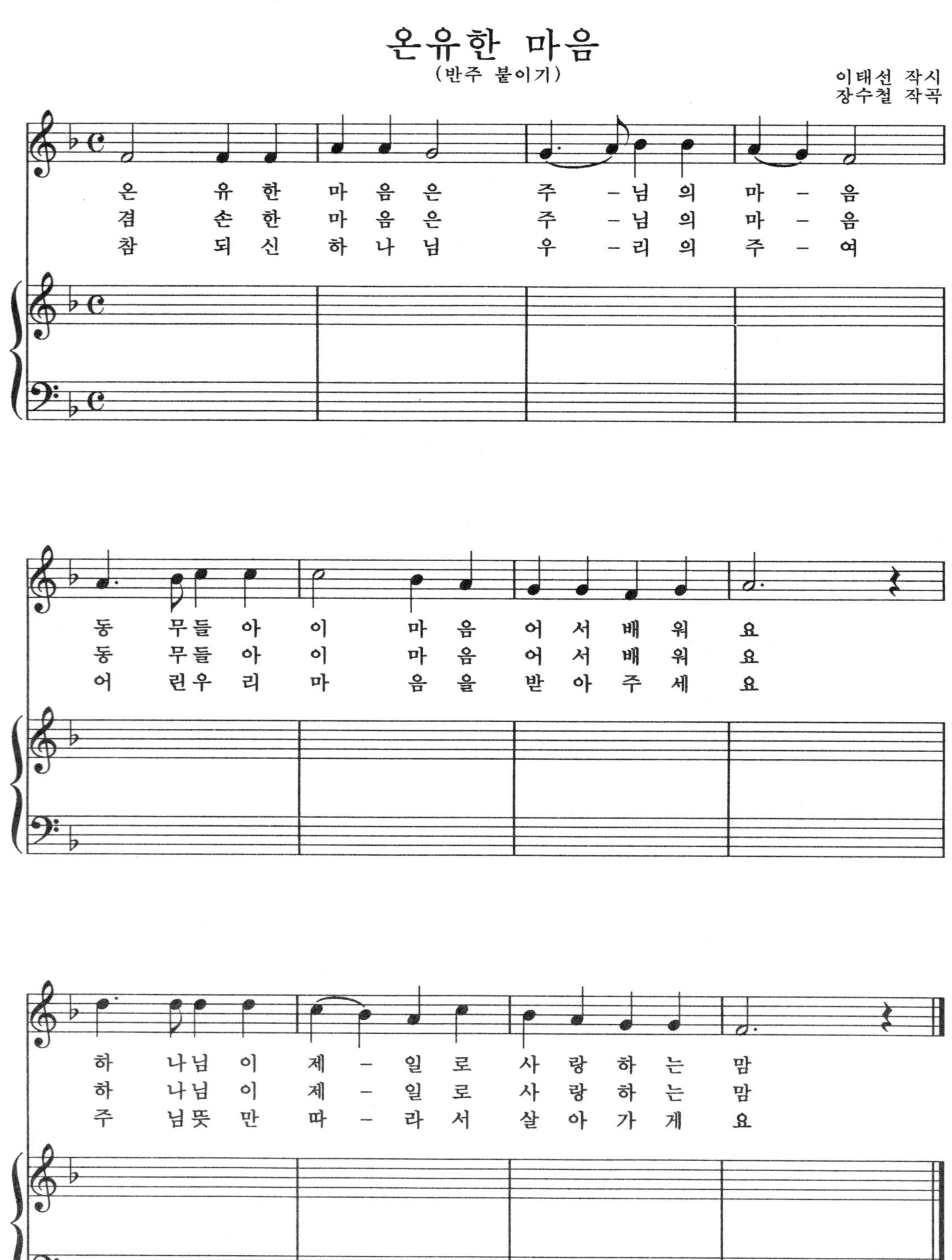
온유한 마음
(반주 붙이기)
이태선 작시
장수철 작곡
온 유 한 마 음 은 주 -님 의 마 - 음
겸 손 한 마 음 은 주 -님 의 마 - 음
참 되 신 하 나 님 우 -리 의 주 - 여
동 무들 아 이 마 음 어 서 배 워 요
동 무들 아 이 마 음 어 서 배 워 요
어 린우 리 마 음 을 받 아 주 세 요
하 나님 이 제 - 일 로 사 랑 하 는 맘
하 나님 이 제 - 일 로 사 랑 하 는 맘
주 님뜻 만 따 - 라 서 살 아 가 게 요

<실제 10>

고향의 옛집
(반주 붙이기)
Moderato
W. S. HAYS
1.어 렸을 때 살 던고 향 돌 아 와 보 니 웃 -는 꽃
2.옛 -노 래 잊 지않 고 불 러 보 건 만 옛 -모 양
우 -는 새 잔 잔 한 바 람 뜰 -앞 에 맑 은시 내
잊 지않 고 찾 아 보 건 만 말 -타 기 메 기잡 기
흐 르 는 소 리 정 다웁 던 옛 -날 과 변 함 없건 만
풀 피 리 소 리 뒷 -골 목 앞 -마 당 놀 던 그동 무
나 의 집 은 다 무 너 지 고 사 는 사 람 끊 어 졌 구 나
어 디 갔 나 우 리 동 무 여 어 디 있 나 우 리 세 동 무

<실제 11>

오빠 생각
(반주 붙이기)
느리지않게
최순애 요
박태준 곡
1.뜸 북 뜸 북 뜸 북새 논－에서 울 고 －
2.기 럭기 럭 기 러기 북－에서 오 고 －
뻐 꾹뻐 꾹 뻐－꾹새 숲 에서－울 때 －
귀 뚤귀 뚤 귀뚜라미 슬 피울－건 만 －
우 리오 빠 말 타고 서 울가－시 면 －
서 울가 신 오 빠는 소 식도－없 고 －
비 단구－두 사가지고 오－신다 더 니 －
나 뭇잎－만 우－수수 떨－어집 니 다 －

<실제 12>

내 작은 입으로
(2부합창)
김희보 시
김두완 곡
1.내 -작 은 입 -으 로 할 렐 루 - 야
2.내 -작 은 입 -으 로 아 멘 아 - 멘
주 -님 의 이 -름 을 노 래 부 르 면
두 -손 을 모 -두 고 기 도 드 리 면
새 -보 다 더 -고 운 목 소 리 라 고
꽃 -보 다 더 -고 운 모 습 이 라 고
주 님 은 내 노 래 들 어 주 셔 요
주 님 은 내 기 도 이 뤄 주 셔 요

<실제 13>

하나님께 감사
(2부합창)
이태선 시
이경희 곡
1.땅 에서 하 – 늘 이 높 으듯 이
2.천 지를 말씀으 로 지 어주 신
비 교 할 수 없 으 신 하 나 님 은 혜
하 나 님 의 놀 라 운 지 혜 와 능 력
날 마 다 다 – 같 이 찬 양 합 니 다
오 늘 도 기 쁨 으 로 감 사 합 니 다
날 마 다 다 – 같 이 찬 양 합 니 다
오 늘 도 기 쁨 으 로 감 사 합 니 다

<실제 14>

주님의 말씀
(2부합창)
이태선 작시
장수철 작곡
김순현 편곡
1.샛 별 같 은 두 - 눈 을 사 르 르 감 고
2.꽃 잎 같 은 입 - 술 을 가 만 히 열 고
주 - 님 의 이 - 름 을 부 르 노 라 면
주 - 님 의 말 - 씀 을 읽 고 있 으 면
우 리 주 님 마 음 에 대 답 하 는 말
우 리 주 님 마 음 에 하 시 는 말 씀
아 이 야 나 는 너 를 사 랑 하 노 라
아 이 야 너 는 나 의 일 꾼 이 되 라

<실제 15>

인도합소서
(2부합창)
조돈환 시
조돈환 곡
비내리고 바람부는 캄캄한밤에
고향멀리 집을떠난 외로운밤에
정성모아 예수님께 기도하는 말
홀로앉아 예수님께 기도하는 말
엄마잃은 어린생명 길러주시고
우는아이 그눈물을 씻어주시고
잘곳없는 아기들을 품어주세요
하늘나라 가기까지 인도합소서
눅 1:79

<실제 16>

예수님과 삭개오
(2부합창)
오소운 시
오소운 곡
1.보 고 싶 어 보 고 싶 어 예 수 님 얼 굴
2.잘 보 인 다 잘 보 인 다 예 수 님 얼 굴
3.내 려 와 요 내 려 와 요 착 한 삭 개 오
그 렇 지 만 키 가 작 아 보 이 지 않 – 아
사 랑 많 은 그 얼 굴 이 잘 도 보 인 – 다
예 수 님 이 아 래 에 서 부 르 셨 어 – 요
삭 개 오 는 엉 금 엉 금 올 라 갔 어 – 요
삭 개 오 는 살 금 살 금 보 고 있 어 – 요
삭 개 오 는 부 리 나 케 내 려 왔 어 – 요
뽕 – 나 무 꼭 대 기 로 올 라 갔 어 요
뽕 – 나 무 가 지 새 로 보 고 있 어 요
예 수 님 을 제 집 으 로 모 시 었 어 요
눅 19:1-6

<실제 17>

예수님 예수님
(2부합창)
오소운 시
나운영 곡
1.예 수 님 예 수 님 착 한 예 수 님
2.예 수 님 그 에 게 대 답 하 셨 네
3.예 수 님 예 수 님 착 한 예 수 님
영 생 을 – 얻 으 려 면 무 얼 할 까 요
네 맘 다 해 하 나 님 을 사 랑 하 – 고
이 어 린 – 저 희 들 을 지 켜 주 시 사
유 명 한 율 법 학 자 여 쭤 보 았 네 – –
이 웃 을 네 몸 같 이 사 랑 하 여 라 – –
하 나 님 아 버 지 를 사 랑 하 면 서 – –
예 수 님 – 시 험 하 여 여 쭤 보 – 았 네 –
이 것 이 – 으 뜸 가 는 계 명 이 – 니 라 –
내 몸 같 이 이 웃 사 랑 하 게 하 – 소 서 –
눅 10:25-28

<실제 18>

나와 같은 어린이
(부분 2부합창)
유영희 시
김두완 곡
1.나 와같 은 어 린이 보 실때 마 다
2.성 경말 씀 가 만히 두 손에 들 고
3.옛 날부 터 이 말씀 마 음에 품 고
쓰 다듬 어 주 시며 얘 기해 주 신
소 곤소 곤 나 혼자 읽 어보 면 은
하 루하 루 그 대로 지 킨사 람 은
예 수님 의 말 씀이 들 어있 기 에
착 하고 도 씩 씩한 예 수님 마 음
누 구나 가 훌 륭히 되 었다 기 에
나 는나 는 성 경을 좋 아합 니 다
무 럭무 럭 가 슴에 솟 아납 니 다
나 도나 도 그 말씀 지 키렵 니 다

요 5:39

<실제 19>

우리의 친구는 누구
(2부합창)
정용섭 시
김순세 곡
1.우리의 이웃은 누구일까요 모두들 다함께 찾아보아요
2.어떻게 그들의 이웃이될까 우리들 다함께 생각해봐요

가 난한동 무나 불 쌍한친구 괴 로운이들과 아 픈병자들
쉬 운일힘 든일 같 이나누고 크 거나작거나 서 로믿어요

모두다 우리의 이 웃이래요 모두다 우리의 이 웃이래요
그래야 우리는 이 웃이래요 그래야 우리는 이 웃이래요
누 10:29

<실제 20>

전도하는 마음에는
(2부합창)
엄문용 시
구두회 곡
1.전도하는마음에 는 사 랑이 있 고
2.찬송하는마음에 는 즐 거움 있 고
봉사하는마음에 는 기 쁨이 된 다
기도하는마음에 는 꽃 들이 핀 다
하나님의귀한말 씀 널 리전 하 자
으리모두홍겨웁 게 찬 송부 르 자
남을돕는착한마 음 힘 껏키 우 자
감사하는마음으 로 기 도드 리 자
마태 10:7-8

<실제 21>

하나님은 언제든지
(2부합창)
이정례 작시
김경성 작곡
김순현 편곡
1.하 나님 은 언제든-지 같이하셔 서
2.하 나님 은 언제든-지 도와주셔 서
나 는나 는 걱정할-것 아주없어 요
나 는나 는 걱정할-것 하나없어 요
시 46:5-7

<실제 22>

아 멘

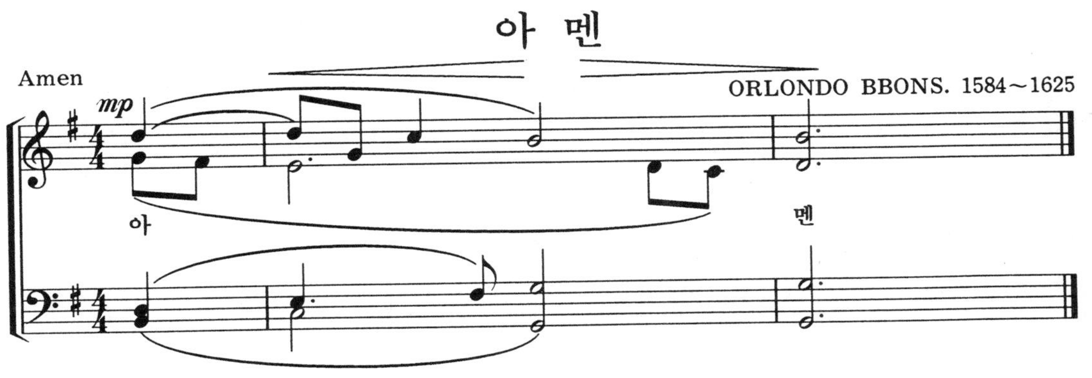
Amen
ORLONDO BBONS. 1584~1625
mp
아
멘

TWOFOKD Amen
Greek
mp
아
멘
아
멘

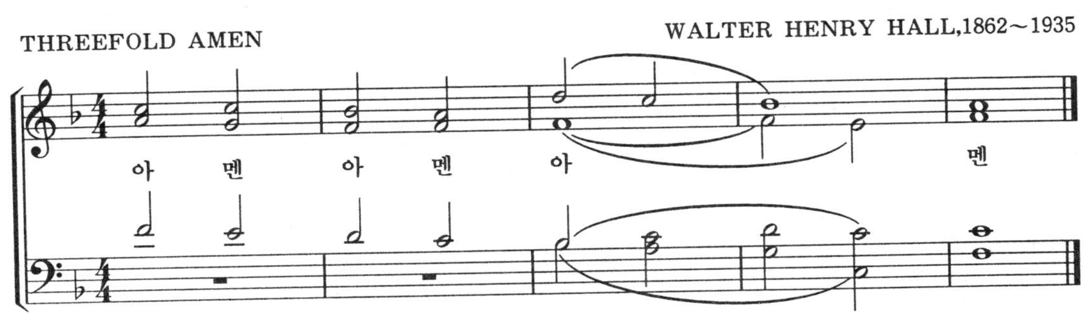
THREEFOLD AMEN
WALTER HENRY HALL,1862~1935
아
멘
아
멘
아
멘

<실제 23>

아 멘

Amen
Anonymous
p
아
멘

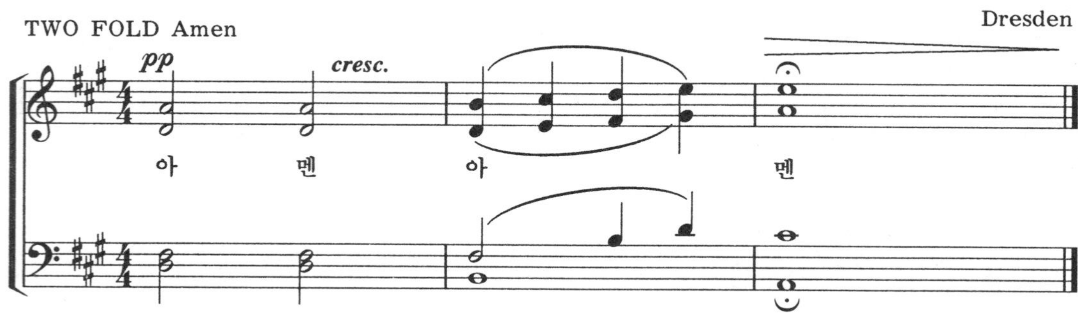
TWO FOLD Amen
Dresden
pp
cresc.
아
멘
아
멘

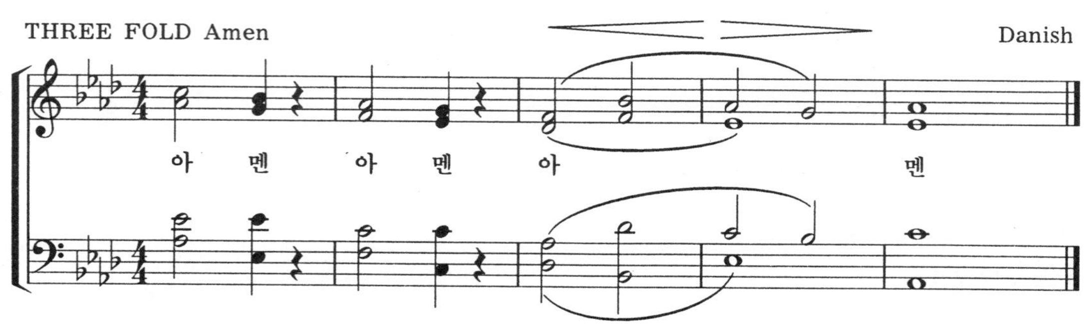
THREE FOLD Amen
Danish
아
멘
아
멘
아
멘

우리생활은 DO, MI, SOL 이래요

3화음중 DO, MI, SOL은 으뜸화음 이래
DO는 근본(바탕)음이라 중요하고
MI는 성격 음이라 중요하며,
SOL은 충족 음이라 있으면 좋고 없어도 괜찮은 음이래
우리는 꼭 필요한 DO나 MI음이 되어야지요.
그러나
MI음의 성격이 강하면 삶이 피곤하며
그렇다고 빼면 허전하며 부족함을 느낀대요.
그러므로
DO음과 같이 많이 베풀고 자기 자리를 지키는 것이 행복하지요.
그렇다고 SOL음과 같은 위치에 있으면 대접을 받지 못하지요.
DO, MI, SOL이 다 합쳐진 소리는 더욱 아름답지요.
우리의 생활은 DO, MI, SOL 화음이래요.

~ 김정양 글 ~

■ 약　력 ■

<錦松 김정양>

♠

· 중앙대학교 · 연세대학원 졸업
· Cohen University(D.S.M)
· 18회 작곡발표 및 3인 작곡발표 5회
· 서울 음악제 2회 실내악 공모 당선작 발표
· 성가 "합창곡집"외 2집 출판
· 가곡 "돌의 노래"의 2집 출판
· 칸타타 "약속의 빛 오셨네"외 5집 출판
· 캐롤 "크리스마스 캐롤집외 1집 출판
· 저서 "지휘법"의 개정판 출판(엘맨)
· "작곡법" 출판(엘맨)
· 가곡 음반 "산하의 노래"외 3집 출반(지구레코드사)
· 현재) - 한국 가곡 창작회장
- 미성작 상임위원
- 한국 가곡학회 상임이사
- 총신 종교음악과 전임
- 대한예술신학 출강

· 주소) 402-206 인천광역시 남구 주안6동 969-3
☎ (032)424-1721

<著者 이종록(李鐘綠)>

♠

· 1943년 11월 30일생
· 본적) 서울시 도봉구 수유동 501
· 주소) 경기도 고양시 덕양구 화정2동 옥빛마을 1708-301
☎ (0344)979-1828(Fax겸용) : 집
(0652)270-3739(학교 연구실)
011-751-1021(H · P)
· 서울대학교 음악대학 작곡과 졸업
· 중앙대학교 음악대학 대학원 작곡과 졸업
· 강원대학교 사범대학 음악교육과 강사역임
· 한양대학 음악대학 강사역임
· 중앙대학교 음악대학 강사역임
· 상명대학교 예술대학 음악학과 강사역임
· 전북대학교 예술대학 음악학과 부교수
· 작곡기법 편역(안정모, 이종록), 1998, 다라출판사
· 작곡법(공저)출판 2000, 엘맨출판사
· 이종록 가곡 음반 제1 · 2집 출반(컴 라이프 社) 1998년 12월

<著者 한광희>

♠

· 중앙대학교 예술대학 음악학과 졸업(작곡 전공)
· 전북대학교 대학원 음악학과 졸업(작곡 전공)
· 작곡발표회 5회(88, 90, 91, 94, 97년)
· 작곡법(공저) 출판 2000, 엘맨출판사
· 현재) - 신국악 작곡 21C 회장
- 한국작곡가회 이사
- 한국가곡학회 이사
- 국민악회, 작곡신세대 회원
- 전북음악연구회 상임 고문
- 전북대, 전남대, 서원대 출강
· 주소) 560-241 전북 전주시 완산구 효자동1가 282-20 남양효자맨션 904호
☎ (0652)221-7692, 225-3557
017-616-7692(H · P)

*
누구나 작곡할 수 있는 작곡법
*
초판 1쇄 — 2000년 3월 15일

*
지은이 — 김정양 · 이종록 · 한광희
펴낸이 — 이 규 종
펴낸곳 — 엘맨출판사
*
서울시 마포구 합정동 433 - 62
출판등록 — 제10 - 1562호(1985. 10. 29.)
*
TEL. — (02) 323-4060
FAX. — (02) 323-6416
*
잘못된 책은 바꾸어 드립니다.
*
값 12,000원